KB080162

서당공부

서당공부의 길잡이

길을 잃고 헤매는 것은 묻지 않아서다.

-순자 치사편

| 자녀를 잘 길러낼 수 있을까?

우농이우개愚農而遇開

우농 훈장을 만나 열리리라

누군가를 가르친다는 것은 어마어마한 일이다. 특히 그것이 어린아이일 경우는 더욱 그렇다.

왜냐면 날 때부터 하늘로부터 부여받은 천성과 땅으로부터 부여받은 인성과 엄마 몸의 피와 살로부터 전해 내려오는 가문의 성품을 고스란히 보양해 주어야 하기 때문이다.

5세요, 7세요, 9세에 이른 어린아이가 말이 거칠고, 행동이 사납고, 거짓말하고, 속이기까지 한다면, 이건 분명 훈장이 잘못 가르침이 맞다. 어린아이는 본 대로 말하고 본 대로 행동한다. 더욱이 어린아이는 영혼이 맑아 어른의 내면을 볼 수 있어서다. 바로 이점이 어린아이 가르치기 힘든 점이기도 하다. 평생을 공자왈 맹자왈로 늙어온 훈장의 경험에 따르면 누군가를 가르치려 한다면 최소한 나이가 60세는 넘어야 한다. 그 정도는 돼야 비로소 천성과 인성과 성품을 훼손하지 않고 가르쳐 훌륭히 보양해 낼 수 있어서다.

망식위학忘食爲學

끼니는 걸러도 공부는 해야 한다

가르치는 일은 날마다 악몽을 꾸는 일이다.
혹여 잘못 가르치고 있는 것은 아닐까.
괜히 남의 귀한 자녀 인생 망치는 것은 아닐까.

하루에도 골 백 골 천 번도 더 되돌아본다.

훈장의 가르침에는 실수가 있어서는 아니 된다.

굶는 지경에 있더라도 공부는 해야 한다.

우농차우사처愚農此于死處

우농훈장 여기서 죽으리라

훈장은 지푸라기 한 올과 같은 존재다.

그것이 할 수 있는 일이란 천지에 무엇도 없다.

그저 한 올만큼 썩어지는 것 그것이 전부다.

그런 천학비재임을 모르지 않거늘

그럼에도 서당공부라는 제하의 『서당공부』를 엮었다.

더 촘촘히 썼어야 옳으나 어린 학동을 가르쳐야 하고

또 오늘 분량의 경전을 읽어내야만 하는 훈장의 꽉 찬 하루 탓에

이쯤에서 서당공부 책 엮기를 그치고자 한다.

이 한 권의 책이 자녀를 둔 엄마에게 있어서

“아, 이런 공부도 있구나.” 하는 정도.

모두는 아니어도 더러는 서당공부를 통해 반듯하니 성장하여 자신의 삶을 살아가는 동안 엄마의 가슴에 눈물 내는 일 없고, 누군가의 가슴에 못 박는 일 없이, 선하고 바르게 살아 주었으면 하는 바이다.

2023년 가을, 서당 훈장 우농 큰절.

제 1장

제 2장

제 3장

제 4장

제 1장

"남의 집 귀한 자식 인생을 책임질 자신 없으면 훈장 하지 말아야 한다."

| 자녀를 잘 길러낼 수 있을까?

자기생 子旣生

불면호수화 不免乎水火

모지죄야 母之罪也

기관성동 羈貫成童

부취사전 不就師傳

부지죄야 父之罪也

『춘추春秋』의 경문 해설서인

춘추곡량전 제10편 소공昭公 십구년十九年

자녀를 이미 낳았는데
어려서 물과 불을 만나 화를 당한다면
이는 엄마의 잘못이며
자녀가 어린이가 되었는데
스승을 만나 공부를 하지 않는다면
이는 아버지의 잘못이다.

위의 글은 자녀를 어떻게 길러내야 하는가에 대한 지금으로부터 대략 2천 년 전에 살았던 부모들에게 주는 글방 훈장의 '서書'이다. 훈장의 입장에서 본다면, '서당을 찾아가서 자녀를 공부시켜라'로 읽히는 대목이다. 요즘 세상이 어느 시댄데 무슨 호랑이 담배 물던 시대에나 있을 법한 케케묵은 서당이냐고 되묻겠지만, 굽이치는 인생살이에서 무엇 하나 부족함이 없는 지금의 삶이 과연 공자왈 맹자왈 하던 때의 삶보다 낫다고 자신 있게 말할 수 있을까?

"그 시대의 중심에는 서당공부가 있었다."

서당공부라는 것은 옛글을 통해서 먼저 지식보다 성품을 만들어 완성에 이르게 하는 공부가 그 출발이다.

요즘같이 다양한 시대에 어느 서당 훈장을 만나야 내 아이를 가장 잘 길러낼 수 있을까를 고민해야 한다. 자녀에게 맞는 훈장을 찾아 모시는 일이 말처럼 쉬우면 좋으련만 그렇지 못하다는 것에서 부모의 고민은 깊어지는 것이다. 사실 부모의 입장은 자녀에게 묻는 자리가 아니라 답을 주는 자리이다. 그러하기에 슬쩍 봐도 보이는 것을 못 보고 지금까지 왔다면 그건 부모로서 기본이 안 되어있다는 말이기도 하다. 하지만 반대로 본다면, 부모는 자녀를 가장 잘 가르칠 훈장을 찾아낼 안목이 있다는 말이기도 하다. 자녀가 훈장을 만나는 데는 몸과 습관이 굳어지지 않은 어려서 만나는 게 좋다.

| 내 자녀를 가르쳐 길러낼 훈장은 누구인가?

훈장이란 보발에 망건으로 갈무리하여 갓을 쓰고, 몸에 도포를 입고, 입으로는 경전을 읽으며 손으로는 경전을 필사하고, 인시寅時인 새벽 3시면 일어나며 자시子時인 밤 11시면 잠을 청하고, 공자의 도와 맹자의 가르침을 몸으로 실천하기를 24시간 쉬지 않는 선비를 말한다. 그리하여 부모 된 자는 내 자녀를 가르쳐 낼 훈장을 가림에 있어서 학맥學脈은 어디인가를 먼저 따져야 할 것이며 노론인지 소론인지 남인인지 북인인지를 물어야 한다. 그렇게 해야만 가르침의 학통學統이 서고 그에 맞는 사상이 전해지는 것이다.

그렇지 아니하고 자신이 '훈장입네'하며 이리저리 사는, 그야말로 아무에게나 자녀를 맡긴다면, 말 그대로 나의 자녀는 '아무로' 성장하는 수밖에 없다.

만약 여기에 이른다면 다시 돌이킬 수가 없다. 어려서 분명 서당을 다니긴 다녔는데 도대체 어느 훈장에게 뭘 배웠는지 학맥도 학통도 세울 수가 없게 되니 그래서 자녀는 부모의 눈높이만큼 큰다는 말이 아직까지도 회자 되는 이유이기도 하다.

당신의 소중한 자녀를 검증도 되지 않은 훈장에게 맡긴다는 것은, 작게는 자녀를 버리는 일이요 나아가 가정을 위태롭게 하는 일이며 크게는 가문을 기울게 하는 일이다. 세상에 이보다 더 두려운 일이 또 있겠는가. 자녀를 길러내고자 한다면 반드시 훈장의 계보를 따져 물어서 추호의 미심쩍은 부분이 없어야 한다.

많은 이들이 기를 쓰고 대학교 다녀 졸업장을 취득하는 이유는 단 하나다. 검증 때문이다. 누군가로부터 인정을 받아내기 위함이라는 말이다. 일종의 인정 투쟁으로 명문대를 나왔다는 것은 이미 1차 검증은 받은 거다. 어려서부터 그만큼 공부했으니까 명문대학교를 나오지 않았겠는가? 하는 것이다.

그러므로 대학교 졸업장이라는 것은 우리 사회에서는 무덤까지 끌고 가야 하는 불가역적 노비문서와 같은 것이다.
'어느 대학 나왔어?'라는 말은 평생 당신을 따라다닌다.
그러하거늘 훈장은 무엇으로 검증을 받는가?

첫째는 상투를 올리고 망건에 갓을 쓰고 도포 차림으로 사는 것이다. 옷이 사람을 만들던 시대가 있었다. 옷은 그 사람의 신분을 드러내는 가장 쉽고 빠른 길이다. 훈장이라면 훈장의 옷을 입어야 한다.
둘째는 자신의 키 높이만큼 책을 써야 한다. 그중에도 특히 논어에 관한 책을 썼느냐, 맹자에 관한 책을 썼느냐, 중용에 관한 책을 썼느냐, 대학에 관한 책을 썼느냐, 이다.

이 책들은 서당공부의 기초공부가 끝나면 초급과정의 공부인 사서삼경 중 사서로, '성인' 공자의 논어, '아성' 맹자의 맹자. '술성' 자사자의 중용, '종성' 증자의 대학을 공부하는데 이 네 권의 책은 서당공부의 가장 기초이면서도 기본이 되는 공부이다.

훈장은 반드시 여기에 대해 저술한 책이 있어야 하고 그 책을 기본 교재로 학동들을 가르치는 것이다. 훈장이 되어서 여타의 강호제현 학자의 책을 참고할 수는 있어도 학동을 가르침에는 반드시 훈장 자신이 쓴 논어 맹자 중용 대학 책으로 가르쳐야 한다. 훈장은 완고하고 고집이 셀 뿐 아니라 타협도 어울림도 협상도 없는 오로지 경전에 기록된 대로만 논어, 맹자, 중용 그리고 대학. 거기까지만 살고자 애쓸 뿐이다. 그러하기에 훈장이 되어서 다른 학자가 써놓은 책을 참고하고, 학습하고, 공부할 수는 있어도 교재 삼아 학동을 가르치는 경우는 천지 팔도에 없다.

전하는 말에 따르면 공자께서는 42세 때부터 책을 쓰셨으며 생을 다하시기 5일 전까지 책을 쓰셨고 그 마지막 쓰신 책이 춘추春秋인데 그것을 제자 자하子夏에게 전했다. 하며 주자께서는 죽기 하루 전까지 대학 책에 주注를 내시고 보망補網 하시기를 애쓰셨다 하셨고 율곡 이이께서는 7세 때 진복창전陳復昌傳을 지으셨고 34세에 동호문답東湖問答을 지으셨고 40세 9월에 성학집요聖學輯要를 지으셨고 42세 12월에 해주 석담서당 훈장으로 계시면서 격몽요결을 지으셨고 44세에 소학집주를 내셨다.

세상살이라는 것이 대부분 내 것을 지키며 남의 것을 뺏는 것이다. 이토록 무서운 세상에서 훈장이 진짜인지 가짜인지 확인도 안 해보고 무턱대고 자녀를 맡긴다면 아! 참 어렵다.

"훈장은 당신의 자녀를 보는 순간
나만 보이는 꿈 때문에 그것에 모든 것을 건다."

| 훈장과 상투

훈장이 상투 올리는 일은 하루에 한 번이며 시간은 인시寅時 곧 새벽 3시가 적당하다. 그 이유는 그때가 아무도 모르는 시간이기 때문이다. 하늘이 알고 땅이 알고 내가 알지만. 여인이 머리 빗는 것과 남정네가 상투 올리는 모습은 아름다움의 면에서 많은 차이가 난다. 남자가 상투를 올리는 모습은 어떻게 봐도 아름답게 봐주기가 어렵기 때문에 훈장이 상투를 올릴 때는 반드시 모두가 깨지 않은 시각쯤을 골라서 상투를 올리는 거다.

상투를 올릴 때 살첨으로 빗질하는데 머리카락이 빠지는 것은 당연지사고 빠진 머리카락을 한 올 한 올 주워 모아 곱게 정리해서 화선지에 돌돌 말아둔다. 그리고 매년 12월 말일쯤에 늦은 밤 무렵에 화관예를 올린다. 불에 다 태운다는 말이다.

훈장은 가끔 몸이 아프거나 불편할 때는 치포관을 벗고 잘 때도 있지만 대부분, 쓰고 잠을 잔다. 그러하기에 훈장이 쓰는 베개가 높으면 관이 벗겨지기 때문에 대부분 훈장의 베개는 아주 낮다. 낮은 베개를 베고 치포관을 쓴 채 잠을 자면 잔 건지 안 잔 건지 구분이 안 될 만큼 불편하다. 그러하기에 싫든 좋든 새벽에 일찍 일어날 수 있는 것이다. 잠자리가 불편하기에 더 자라고 해도 못 자는 게 훈장이다. 치포관을 벗고 자면 편하겠지만, 훈장이 안락함을 추구하며 살면 안 되지 않겠는가?

하지만 불편한 잠자리에도 장점이 있는데 무엇보다 새벽에 일찍 일어난다는 점에서 좋다. 그만큼 하루를 남들보다 더 많이 살 수 있어 좋고, 남들보다 공부할 시간이 많다는 것이 장점이다. 새벽 세 시쯤 모든 이가 잠든 틈에 몰래 일어나 조용히 경전을 읽고 있노라면 그 삼삼한 기분이란 겪어본 사람만이 안다.

훈장이 서당에 있을 때는 언제나 학자다. 서당 방에는 경전에 필요한 책들은 다 갖추고 있기 때문이다. 책이 잔뜩 있으니, 언제고 몸이 원할 때 책을 꺼내 공부할 수 있다는 게 좋은 일이다. 그러기 위해서라도 훈장은 외모를 깔끔하게, 밤새 흐트러진 머리카락을 하나라도 남김없이 싸잡아 모아 정갈하게 상투로 올리는 것이다.

이것이 바로 훈장이 해야 하는 몸을 닦고 마음을 추슬러 갈무리함이며 새로운 시작을 알리는 몸짓이 된다.

늙은 훈장은 밤사이에 흐트러진 머리를 정리하고, 깨끗이 정돈된 한복을 입고 책상에 앉아 오늘도 오늘의 공부를 시작한다.

| 훈장은 공부를 어디까지 해야 하는가?

훈장은 성군聖君을 향한 성학聖學을 가르치는 훈도이다.
덕치德治를 외치며 왕도王道를 이상으로 여기는 선왕先王의 도道가 그것이다.

훈장은 어린 학동을 가르쳐, 어른이 되어 나라를 다스려서 치국을 하고 평천하를 이루어 백성으로 하여금 잘 먹고 잘살게 하며 천하를 밝혀 근심을 모르는 나라를 세우는 인재가 되도록 가르쳐야 한다는 말이다.
치국을 하고 평천하를 이루는 것은 특별하다거나 잘난 사람들의 일이 아니다. 어려서부터 가르친다면, 누구나 다 나라를 이끌

수 있다. 다만, 어려서 그렇게 공부하지 못했을 뿐이다. 처음 태어나면 누구나 다 훌륭하고 큰 그릇이요 큰 재목이 맞다.

그러나 자라면서 스스로 한계를 긋게 되는 것은 그에 상응하는 공부를 못 했기 때문이다. 공자께서는 『논어』 옹야편에서 제자를 가르칠 때는 모든 제자가 다 똑같이 재상이 될 재목이라 단언하셨다.

훈장의 가르침은 성인 공자님께 그 출발을 둔다. 이러한 가르침이 아니라면 굳이 서당까지 올 필요는 없는 일이다. 이러한 가르침의 끝은 요임금과 순임금의 시대로 만들고, 백성을 요임금과 순임금의 백성으로 만드는 것이다.

'야불폐호夜不閉戶' 밤에도 문을 닫지 않는다는 뜻으로, 천하의 사람들이 착해서 도둑도 악인도 없는 세상이다. 요임금 순임금 때는 이런 시대가 실제로 있었다. 공자께서도 역시 훌륭한 시대라고 칭송한다. 훈장은 학동들에게 세상을 이렇게 만드는 공부를 가르치는 것이다.

훈장은 내세울 게 없다. 돈을 벌어 본 적도 없고 높은 벼슬을 가져본 적도 없다. 공부가 좋아 확신 된 돌진을 했을 뿐. 훈장은 그저 공부를 많이 한 사람이다.

사술유사 師術有四
이박습불여언 而博習不與焉
존엄이탄가이위사 尊嚴而憚可以爲師
기애이신가이위사 耆艾而信可以爲師
송설이불능불범가이위사 誦說而不陵不犯可以爲師
지미이론가이위사 知微而論可以爲師

『순자』 권14, 치사편의 8번째 문장

스승이 되는 자격에는 네 가지가 있는데
많이 아는 것이 그 속에 포함되지 않는다.
존엄의 인품에 혹자의 공경이 있으면 스승이 될 수 있으며
나이가 5-60세가 되도록 거짓이 없다면 스승이 될 수 있으며

> 경전을 외우되 능멸하거나 무례치 않으면 스승이 될 수 있으며
> 경전의 정미함까지 알아 이론이 정립되면 스승이 될 수 있다.

강호에 '할머니의 가설'이라는 게 있다.
할머니는 현자도 성인도 아니매
손자 손녀를 길러내는 데는 누구보다도 빼어나
손자 손녀를 시집 장가 잘 보내고 벼슬도 살게 하고
결국은 가문을 일으켜 집안을 번창하게 했다는 이야기다.

훈장의 학동 가르침이란, 이렇다는 말이다.

| 제자의 인생을 책임질 자신 없으면 훈장 하지 마라.

"인생은 가끔 누군가를 만나서 변하기도 한다."

훈장을 만난다는 것은 인생의 기회가 생기는 것이다. 공부할 수 있는 기회. 그렇게 시작된 서당공부는 반드시 치국평천하에 뜻을 둔다. 하늘천 따지 공부해서 시골 훈장을 만들고자 자녀를 서당 보내는 것은 아닐 터. 뜻이 커야 하고 그 뜻을 위한 길에 포기가 없어야 한다.

더러 혹자들이 말하곤 한다. 공부 너무 많이 시키는 것 아니냐고. 하지만 그러려고 훈장이 있는 거다. 그게 또한 훈장의 일인 거고, 역할이다.

서당 밖 세상이 어찌 돌아가든 거기에 귀를 기울이지 않는다. 세상 잇속이나 명리에 밝을 필요도 없으며, 밥을 굶든 배가 등가죽에 붙든 늙은 훈장이 신경 쓸 부분도 아니다. 그저 눈만 뜨면 공부하는 게 훈장의 일이다.

어려서의 공부는 생활 습관과 태도를 바로잡는 공부다. 정해진 시간에 일어나고, 식사하고, 청소하고, 공부하고, 차 마시고, 자야 한다. 이러한 공부가 어려서부터 몸에 배 있지 않다면 두고두고 자신의 발목을 잡아서, 결국 공부를 모르는 정도가 아니라 능멸하는 지경에 이른다.

공부를 모르는 아이가 자주 하는 말 중 하나가 '공부가 싫다.'라는 말이다. 동기유발의 차원을 말함이 아니다. 공부하는데 동기가 어딨으랴. 그냥 의무적으로 해야 하는 일이다. 왜냐? 안 하면 사는 일이 꽤 버거워지니까. 공부 안 하고도 치국평천하를 이룰 수 있다면 안 해도 되겠지만 그게 말처럼 쉬우랴.

공부를 모르는 아이가 가장 두려워하는 것은 공부다. 두려움이 아이로 하여금 공부를 싫어하는 지경에 이르게 하고 자라면서 공부보다 쉬운 일로 인생의 승부수를 걸게 하나니, 이는 모두 어려서 공부습관, 곧 공부 훈련이 안 되어있기 때문이다. 세상에 공부 못하는 자녀란 없다. 어떤 아이는 이러한 공부 두려움에 져서 평생을 공부 밖에서 슬피 우는 삶을 살아가기도 한다.

이를 죽는 날까지 지켜봐야 하는 부모의 심정은 뼈가 저릴 것이다.

두려움을 피하며 평생을 숨어 살 수는 없는 일이다. 공부한다는 일은 정해주는 사람이 없기에 과정이 모호한 영역이다. 하지만 그런 가운데 서당공부라는 것은 운명과 같아서 매일 시간마다 따라야 하는 교리가 된다. 날마다 빼먹지 않고 읽고 쓰고 외우는 공부가 작게는 나 한 사람의 인생을 바꾸고 크게는 가족과 사회와 국가의 운명을 바꿀 수 있는 것이다. 이런 운명과 맞닥뜨릴 때 그 운명 앞에 함몰되지 않고 이겨낼 수 있는 힘을 기르는 것이 어려서의 서당공부인 셈이다.

어려서 서당을 찾아가 훈장을 통해 이러한 공부를 많이 해두면 자라면서 무너지는 담장 아래에 서는 위태로운 일도 없을 것이며 망하는 나라에 들어가는 일은 더욱 없을 것이며 그저 살아만 있어도 세상이 저절로 나를 찾아오게 된다. 그것이 공부한 사람이 사는 법이다. 그래서 훈장은 제자를 가르치되 세상에 우뚝 서도록 많이 가르쳐야 한다.

| 훈장은 학동만 잘 가르치면 된다.

훈장이 술을 마신다는 것은 곤란하다, 다른 훈장은 그럴 수 있다고 하더라도 나까지 그래서는 안 된다. 어린 학동을 가르치는 훈장이 되어서 시쳇말로 술이나 마시고 있다면 그 모양새가 어울리지도 않을뿐더러 어린 학동의 눈에 그 모습은 어떻게 비치겠는가. 그야말로 경천동지할 모습이리라. 술, 담배, 커피, 오락 그 밖에 무엇이라도 경전에 있다면 그대로 하면 된다.

하지만, 경전에 없다면 해서는 안 된다. 어른이 된 이후의 일은 내가 신경 쓸 바가 아니다. 어른이 된 저들의 몫인 거고, 어른이 알아서 하면 된다. 그러나 학동을 가르치는 훈장이라면 안 된다는 말이다. 훈장은 하루에 정해진 끼니를 먹고 빈틈의 시간으로는 차를 마시는 것. 이것이 훈장의 생활이다.

남의 집 귀한 자식 데려다가 인물 만들지 못한다면, 그 책임을 어떻게 지겠는가?

서당에 다녀서 인물이 되지 못한다면, 그 학동은 세상에 나가 바보 소리를 들을 수밖에 없다.

한 집안의 귀한 아이가 서당에 다녀서 나라를 뒤흔들 만큼 성장하지 못한다면 훈장은 용서받을 길이 없으니 그 책임을 져야 하는 것이다. 이렇기에 훈장은, 아무나 함부로 할 수 있는 일이 아닌 것이다.

명예를 구하지도 않는다. 돈을 벌려고 하지도 않는다. 어디 가서 글자랑 하지도 않는다. 세상 강호에는 똑똑한 학자들이 얼마나 많은데 촌구석 훈장 따위가 함부로 글자랑 따위를 한단 말인가. 세상이 얼마나 무서운 곳인데 괜히 우쭐했다가는 교활하다고 소리 안 들으면 다행이다. 오로지 학동만을, 목에 핏대를 올려서라도 가르쳐라.

훈장의 삶은 단 한 줄로 평가받는다. 학동을 잘 키워 냈느냐 아니냐이다.

"다 필요 없다. 그저 학동만 잘 가르치면 된다."

훈장은 날마다 공부할 것이 산처럼 밀려있다. 훈장은 밤에 잠잘 때 내일은 무슨 공부를 할까 하는 잔뜩 기대에 부풀어서 잠을 잔다. 머리맡에 내일 공부하려는 책들을 잔뜩 쌓아놓고 가슴 부풀어서 자기도 한다. 누군가 보면 약간 정신이 이상한 사람처럼 느껴지기도 하겠지만 이상하게도 훈장에게 공부는 그저 신나는 일이다. 세상에나……. 공부보다 더 재미있는 일이 또 있을까? 이 훈장은 공부가 재미있다. 책을 읽고 쓰고 외우고 또 세필 붓을 들고 논어를 필사하고 맹자를 필사하는 이런 공부가 재미있다. 술 담배 커피 그리고 오락이나 게임과 같은 세상의 즐거움은 훈장의 삶에 아무런 재미를 못 준다. 훈장은 그래서도 안 되는 거고, 더욱이 훈장이 다른 일에 신경 쓰면 더더욱 안 된다. 학동 가르치기도 벅찬데 술, 담배 할 시간은 어디 있으며, 또 돈 벌겠다며 다른 직업 기웃거릴 틈은 어디 있으랴.

| 혹독하게 공부하는 서당을 찾아가라.

서당공부는 단단한 각오가 있어야 한다. 서당공부는 책을 모조리 다 외울 뿐이다. 이게 무슨 공부냐며, 무식하게 외우기만 하면 무얼 하냐며 볼멘소리를 할 수도 있다. 그럼에도 서당공부는 책을 다 외우기 전에 공부했다고 말할 수는 없다. 서당공부는 다 외워야 끝이 나는 것이다. 다 외우지 못하고서 떠나는 사람도 있고, 부분만 다 외우고 떠나는 사람도 있고, 그건 본인들의 마음일 뿐이다. 서당공부는 그렇게 하는 게 아니다. 알지도 못하면서 이 정도면 충분하다고 여기고 서당을 나간다는 것은 모두에게 불편한 일이다. 그 뒤엔 모르는 만큼 본인이 살아가면서 두고두고 감내해야 할 몫이 된다. 훈장이 그것까지 뭐라 할 수는 없다.

다만 확실한 것은, 세상살이란 모르면 모르는 만큼 몸이 겪게 되는 고통은 세다는 것이다.

한평생 살면서 인생을 100년으로 볼 때 10년을 글을 외우는 일에 쓰는 것도 그리 밑지는 일은 아니다. 요즘 사람들은 너무 급해서 바늘허리에 실을 묶어 꿰매려 드는 데 조금은 문제가 있는 일이다. 10년 공부라고 해봐야 7세에 시작되어 17세면 끝난다. 그래 10년을 공부하는 동안 철이 들지 않아 낭비했다고? 그렇다면 또 2차로 17세에 다시 시작하여 27세면 끝난다. TV를 멀리하고, 게임을 하지 않고, 허투루 시간을 보내는 일 없이 오롯이 눈만 뜨면 읽고 쓰고 외우고를 반복한다면 아무리 많은 책이라 해도 못 외울 것도 없을 터이다.

그렇다면 책을 외우는 이유는 뭔가 여러 이유가 있겠으나 그중 하나는 말을 하기 위해서다. 말을 할 때 내 생각을 내 말을 할 것이냐, 아니면 내 생각을 성현의 글에서 끌어와 할 것이냐가 다르다. 이 부분에 대한 가르침이 『논어』 계씨편 13문장에 기록되어 있다.

어느 날, 아버지 공자께서 홀로 마당에 서 계셨는데, 아들 공리가 그 앞쪽에 잰걸음으로 빠르게 지나갔다. 아버지 공자께서 아들 리를 불러 말한다. "시를 다 외웠느냐?"

아들 리가 대답하기를 "아직 다 못 외웠습니다."

아버지 공자께서 말씀하시기를

"시를 못 외우며 남에게 말할 수가 없느니라."

아들 공리는 물러나 시를 외웠다.

다른 날, 아버지 공자께서 홀로 마당에 서 계시니 아들 공리가 그 앞쪽에 잰걸음으로 빠르게 지나갔다. 아버지 공자께서 아들 리를 불러 말씀하셨다. "예를 다 외웠느냐?"

아들 리가 대답하기를, "아직 다 못 외웠습니다."

아버지 공자께서 말씀하시기를

"예를 못 외우면 남 앞에 설 수가 없느니라."

아들 리는 물러나 예를 외웠다.

『논어』 계씨편 13문장 중

이후로는 서당공부는 모두 외우는 것이 당연시되었다. 말을 할 때는 내 말을 하는 게 아니고 사서 등의 경전에서 예를 끌고 와서 내가 하고 싶은 말을 하는 것이다. 내가 하는 말을 내가 아는 단어를 섞어서 말하는 것이 아니라, 반드시 경전에서 말의 출전을 가져와야 한다. 글공부가 부족하면 그냥저냥 되는 대로 입에서 나오는 대로 말할 수밖에 없다. 아는 게 없으니 그럴 수밖에 없다. 어른이 아이에게 무언가 물을 때는 그 아이의 말을 듣고자 하는 것이 아니다. 그 아이의 입을 통해서 성현의 말이 어떻게 새김이 되어 나오는지를 듣고 싶은 것이다. 이런 몇 가지가 서당공부가 혹독하게 힘든 이유다. 경전에서 출전을 찾는 법을 잃어버린 말은 공허할 뿐이다.

"서당공부는 마음 단단히 먹고 덤벼야 한다."

| 향리로 늙은 훈장을 찾아가라.

세상을 사는 데 목표는 세 가지로 나눌 수 있다.
첫째, 공부 많이 할 것이냐
둘째, 돈을 많이 벌 것이냐
셋째, 벼슬이 높을 것이냐
첫째, 둘째, 셋째, 모두 알맞은 시기가 있으니, 때에 맞게 준비하지 못한다면 공부도 돈도 벼슬도 그 무엇도 취하기 곤란하리라.

모두가 알고 있다.
돈이 많으면 사는 게 쉬운 정도가 아니라 꽤 괜찮다는 것을.

모두가 알고 있다.
벼슬이 높으면 돈 많은 사람보다 더 사는 게 괜찮다는 것을.

하지만 돈도 벼슬도 하룻밤 자고 일어나면 뚝 떨어지는 것이 아니다. 여기에는 우리가 바꿀 수 없는 전제조건이 있다. 공부다. 그렇다면 공부하기에 알맞은 시기는 언제인가? 그것은 어린 시절이다.

'삼세지습지우팔십三歲之習至于八十' 이라고 했다.
세 살 적 버릇이 여든까지 간다는 말이다. 이 문장 하나만으로도 옛사람들이 얼마나 지독하게 자녀를 공부시켰나를 알 수 있다. 주자는 소학의 소학서제小學書題에서 '습여지장習與智長'이라고 말했다. 이는 '어려서 하는 공부가 지혜와 더불어 자란다'는 말이다.

50에 공부해도 늦은 게 아니다. 70세에 공부한들 늦겠냐만 그때 공부해서 무언가를 하기란 쉽지 않은 나이다. 그러므로 공부는 5세나 7세부터 17세까지 하는 것이 1차 공부이다.

2차는 언제일까? 17세부터 27세까지이다. 물론 이는 늙은 훈장 개인의 견해다.

1차 2차의 세월이 흐르는 동안 공부가 일정 수준까지 이르고 명성이 천하에 '진명사해盡名四海'까지는 아니어도 '현달顯達'에 이르지 못한다면 그 공부는 처음부터 다시 점검해야 한다.

공부가 사람을 배신할 리는 없기 때문이다.

어느 사회 어느 시대이든 공부한 사람이 없어서 난리도, 난리도 아니다. 역사를 더듬어 본다면 많은 공부를 한 사람, 그런 한 명의 사람을 내 편으로 만들 수 있다면 천하를 거머쥐는 것은 일도 아니었다. 그래서 수많은 군주와 재상들은 천하를 뒤져서라도 공부한 현자를 모시려 애썼던 것이다.

공부를 어설프게 했기 때문에 그렇고 그렇게 고만고만하니 사는 것이다. 이는 누구의 잘못도 아니다. 그의 부모의 그릇이 고만고만 하니까 자녀를 고만고만할 정도로 공부하도록 만든 것일 뿐이다. 그래서 그 정도 부모님의 뜻대로 자녀의 인생 또한 그 정도로 살아가는 것이다. 이것이 부모는 자녀의 스승이 되어서는 안 되는 이유이고, 가정이 학교가 되어서도 안 되는 이유다. 가정은 친함과 사랑만 있는 곳이다. 가정은 자녀의 그 어떤 허물과 잘못도 덮어주고 용서하고 이해하는 곳일 뿐이다. '공부해라', '하면 안 돼' 하면서 집안을 부모와 자식 간의 전쟁터로 만들지 말라. 부모는 그저 사랑하고, 자녀 인생은 책임질 늙은 훈장을 찾아라.

왜 젊은 훈장이 아니고 늙은 훈장일까?
누군가를 가르쳐야 한다면 나이가 최소 60세는 넘어야 한다. 70세라면 더 좋을 것이고 80세라면 더더욱 좋은 것이다. 왜냐면 단순히 글자 몇 자 가르쳐서 세상에 보낼 게 아니기 때문이다. 그 정도로 충분하다면, 세상천지 어느 곳인들 글자 가르쳐 줄 석사 박사가 어찌 없으랴.

공자님께서는 제자와의 나이 차가 얼추 44-45년 정도가 허다하셨다. 더러는 자로처럼 9세 차이 나는 경우도 있었고, 염백우나 칠조개처럼 11-13세 차이 나는 경우도 있었으나 대체로는 그렇다는 말이다.

이러한 엄청 큰 나이 차에서 오는 늙은 훈장으로부터의 훈도를 받는다면 그러한 학동은 평생을 지나온 연륜과 경전의 웅숭함이 녹여진 장채 끝에 묻어나는 가르침을 통해서 서늘하면서도 통찰력 넘치는 성현의 말과 글을 익히게 된다. 그래야만 '나다움'을 요구한 나를 향한 나이만 먹는 두려움을 이겨낼 수 있는 것이다.

어려서 늙은 훈장을 만나지 못해 배워야 할 것을 제대로 배워오지 못하고 자라버린 어른이라면 각자도생으로 경쟁 사회에서 살아가는 것으로도 부족하여 그저 살아남기만 해도 다행인 생존만을 하고 있는 고통의 반복이 연속적인 날들 속에서 어린 학동으로 하여금 두 번 다시 그런 인생의 날들을 살게 해서는 안 되는 일이다. 바로 이점이 어려서 서당공부 해야 하는 이유기기도 하다. 혹자의 모두에게는 은근하지만 인정하기 어려운 병 같은 게 하나 있다.

서당공부를 통해서 좀 더 성장 된 그리고 좀 더 나은 어른으로 자라야 한다는 것을 깊게 고민하지 않는다는 사실이다. 증자의 나는 날마다 하루 세 번 나를 돌아본다는 오일삼성吾日三省처럼 삶을 성찰하면서 참다운 나 자신으로 살아가는 자생적 고독감이 필요하다. 나만 옳다며 우겨대는 야만의 시대일수록 더욱더 어려서의 서당공부를 통한 경전의 가르침이 요구된다.

| 부모는 내 자녀를 가장 잘 키워 낼 스승을 찾아라.

상왈 上曰

향자동몽선습 向者童蒙先習

진독후 盡讀後

래왈 來曰

간신필권운 艱辛畢卷云

유염독지심 有厭讀之心

『승정원일기』 1742년 9월 19일 기사

영조께서 8세 아들 세자에게 말한다.

"동몽선습을 외워 보거라."

세자가 책을 다 읽고 영조에게 와서 말한다.

"간신히 한 권을 다 읽었습니다."

글 읽는 모습을 보고는 다시 물었다.

"글 읽기가 싫은가?"

세자는 대답을 머뭇거리다가 작은 소리로 말한다.

"글 읽는 게 싫은 마음이 조금은 있습니다."

영조는 임금이지만 왕이 되는 과정이 개운치 못한 부분이 많았다. 그런 탓에 그는 필사적이라 할 정도로 공부에 사활을 걸었다. 조선시대는 공부를 많이 한 선비가 왕을 가르쳐서 이끌어가는 시대였다. 천자유소불신天子有所不臣이요 하유불명지신下有不名之臣이라 했다. 해석하자면 '천자라도 신하로 삼지 못하는 사람이 있으며, 아래에는 천자라도 이름을 함부로 부르지 못하는 신하가 있다.'라는 말이다. 그런 시대에 왕이 공부가 짧다는 것은 신하들에게 상당한 무시를 당할 각오를 해야 했다. 그는 이를 모르지 않았기 때문에 그렇게 공부하여 쟁쟁한 신하들에게도 기죽지 않고 오히려 많이 배웠다고 우쭐대는 신하들을 학문적으로 압도할 수 있었다.

공부가 부족한 상태로 왕 노릇을 한다는 것은 대단히 치욕적이면서 위태롭다는 것을 영조는 경험으로 잘 알고 있었다. 그래서 세자만큼은 누구라도 감탄할 정도로 공부를 시켜보고 싶었던 것이다. 세자가 왕이 되어서 거침없는 정사를 펴게 하는 것이 영조의 바람이었다. 그러나 세자의 이런 행동들은 아버지 영조의 소원과는 달랐다.

자녀를 교육할 때 왕이라도 비켜 갈 수 없는 것이 바로 이러한 문제다. 부모 때까지는 어떻게 잘 컸는데, 자식 대에 이르러서 현달顯達하지 못하는 경우가 있곤 하다. 요즘 부모들은 자식한테 '올인'하지 말라는 말을 마치 무슨 성현의 말씀인 듯이 외우며 산다. 그 결과로 '일찍 노후를 준비해야 한다.', '퇴직 후 무엇을 어떻게 해야 한다.' 같은 말들을 하며 젊은 시절부터 일찌감치 늘그막의 자신을 걱정한다. 말은 그럴싸하다만, 이것은 오히려 자신을 옭아매는 덫이 되는 말들이다.

무언가를 가지고 있는 사람들은 자신이 가지고 있는 것을 지키기 위해 자식 교육에 있어서 '올인'이 아니라 그 이상의 무엇이라도 한다.

그들은 정작 자신들이 교육에 투자하면서 남들에게는 그렇게 해서는 안 된다고들 한다. 교육에 투자하지 않으면 그 집안의 자녀는 언젠가 부모가 겪은 후회하는 삶을 세습하게 된다. 저들의 노림수는 바로 이것이다. 여기에 깜빡 속아서 교육에 집중하지 않으면, 그 정도의 배움에서 마친다면, 자녀가 앞으로 살아갈 세상은 그 정도 이상에 올라가지 못한다.

농사를 지을 때 농부는 목숨을 걸어야 한다. 그래야 가을에 거둘 게 많기 때문이다. '자식농사'라는 말이 있는 것도 이와 비슷한 부분이 있기 때문이다. 자신의 모든 것을 걸어야 한다. 자식만 잘 키우면 당신은 노후를 어떻게 준비해야 하는가, 퇴직 후 무엇을 해야 하는가 하는 고민 따위는 필요도 없다. 자식이 잘 컸는데 부모가 무엇을 걱정한단 말인가? 제대로 자란 자식이 곧 당신의 노후인 것이다.

그러므로 부모는 천하를 돌아 내 자녀를 가장 잘 키워 낼 스승을 찾아야 한다. 요즘처럼 밝고 계명한 시대에 대학을 나오지 않은 부모가 몇이나 되는가. 그들은 모두 많이 배우고 똑똑한 사람이다.

그런데도 세상을 사는 중에 어딘지 모르게 찝찝한 느낌이 든다면, 그때는 자녀교육에 대해서 조금은 다른 각도에서 바라볼 필요도 있다. 자녀의 미래에 대한 확신이 들지 않는다면 자녀를 교육하는 일에 있어서 조금은 다른 길로 가보는 것도 그리 큰 모험이 되지는 않을 것이다. 세상에서 한발 물러선 듯, 관조하듯, 모두가 똑같은 생활을 하는 일상을 벗어나 '공자왈' '맹자왈'외는 내 자녀를 보는 일도 그리 나쁜 일은 아닐 것이다.

혹자가 이렇게 물었다.
"만약 잘못 가르쳤다면 어떻게 책임질 것인가?"
이에 대한 훈장의 답변은 간단하다.
"지금껏 누구도 잘못 가르친 적은 없다."
늙은 훈장의 답변이다.

|어떠한 상황 속에서도 교육은 무너지면 안 된다.

공자님께서는 집안 환경과 처지가 공부할 만한 상황이 되지 못하였다. 공자님의 모친은 15세 소녀였다. 당시의 시대상을 감안해 봐도 아직은 세상 물정 모르는 어린 소녀임이 분명했다. 심지어 공자님의 부친 숙량흘 공은 공자님께서 태어나고 3년 만에 졸하신다. 숙량흘 공은 첫 번째 부인에게서 딸만 아홉을 두었고 두 번째 부인에게서 공자님 위로 아들 맹피를 두었는데 그는 두 다리를 못 쓰는 불편한 몸이었다. 이런 배다른 형과 누나를 먹여 살리는 일은 사지육신 멀쩡한 공자님의 몫이 되어 공자님께서는 어려서부터 힘든 상황을 겪으며 성장하게 되었다.

후학 맹자는 이러한 인생에 대하여 이렇게 말한 바 있다.

천장강대임어사인야 天將降大任於斯人也

필선노기심지 必先勞其心志
고기근골 아기체부 苦其筋骨 餓其體膚
궁핍기신행 불란기소위 窮乏其身行 拂亂其所爲

시고 동심인성 是故 動心忍性
증익기소불능 增益其所不能

『맹자』 고자장구 하 12-15

하늘이 장차 사람에게 큰일을 맡기려 함에

반드시 먼저 그 마음을 괴롭게 하고
뼈마디가 꺾어지는 고난을 감당케 하고
그 몸과 마음을 굶주리게 하며

그 몸과 행동을 궁핍에 몰아넣고
그 하는 일마다 어지럽게 하느니라.

이런고로
마음을 움직이고 성품을 참아
능히 할 수 없는 일조차도 할 수 있게 하기 위함이라.

공자님께서는 이러한 고통을 스스로 견뎌내신 분이시다. 사서와 사책 그 어디를 읽어봐도 공자님께서 징징댔다거나 엄살 피웠다는 말은 없다.

자녀들은 어려서 공부를 왜 해야 하는지 모르면서 그 까닭을 알기보다는 그냥 제 하고픈 것, 제 마음이 가는 대로, 제 몸이 편한 대로 하려 하기에, 공부하려 들지 않는 경우가 많다. 만일 어리더라도 스스로가 공부를 찾아서 열심히 해 준다면 이는 엄마의 복이고 아빠의 기쁨이고 나아가 가문의 영광이 되련만 그런 자녀가 몇이나 되겠는가. 이 모두가 부모가 가르쳐야 할 일이라고 할 수밖에.

본래 자녀교육이란 장기전이다. 상당히 거시적이어야 하며 멀리 보며 임해야 하는 긴 전쟁과 같다는 말이다. 전쟁에는 많은 변수가 있을 것이고, 생각지도 못한 많은 것이 요구될 것이다. 여기에 뛰어난 전략가가 있어야 종국에는 승리를 얻어낼 수 있는 것이다. 교육이란 이 장기적인 속성이 있어, 결국 호흡이 짧으면 무너진다. 공자님의 어머니와 맹자님의 어머니는 힘든 상황에서도 장기전에서 승리하여 결국 자녀를 길러내셨다. 지금의 어머니 아버지라고 해서 못 할 바도 없다. 이제 부모는 장기적인 전략을 세워야 할 것이다.

제 2장

"누구든 가르쳐 재상에 이르게 할 수 있다."

| 서당에서 자랑할 것은 단 하나다.
공부가 그것이다.

서당에 들어와 기초적인 공부가 끝나고 시작하는 첫 공부는 『논어』로 시작한다. 서당공부의 기초학습은 『사자소학』, 『추구』, 『당시선』, 『천자문』, 『명심보감』, 『격몽요결』 등의 책을 익힌 후 소학 책을 끝으로 기초공부가 끝난다. 여기까지 마치는 시간은 빠르면 약 1년 늦으면 삼 년까지 이른다.

율곡 이이께서는 『격몽요결』 독서 장에서 책 읽는 순서에 관해 소학을 읽고 대학을 마친 뒤 논어를 읽으라고 하나, 서당공부에서는 『논어』 『맹자』 『중용』 『대학』 순으로 읽고 있다.

우암尤菴께서는 아버지 수옹睡翁의 가르침에 따라서 5세에 율곡 이이의 『격몽요결』을 읽으셨고, 율곡의 가르침대로 성현의 말씀을 공부하셨으며 사계沙溪 문하에서 논어를 읽기 시작하셨다.

그럼에도 자신은 문도들에게 논어를 먼저 읽히셨다 한다. 서당 공부에서는 공자를 먼저 아는 것이 중요하다는 것이다. 이러한 공부법은 마지막 제자인 몽오 김종수에게 전해졌고 그는 정조 이산을 가르쳤다.

공자는 인류에 체계적으로 공부하는 법을 가장 먼저 알려준 인물이다. 일찍이 공자는 자신의 공부습관에 대해 이렇게 말했다.

자왈 子曰
아비생이지지자 我非生而知之者
호고민이구지자야 好古敏以求之者也

『논어』 술이편 19문장

공자님 말씀에
나는 나면서부터 알았던 자가 아니다.

옛것을 좋아하고 빨리 구하여 공부한 자이다.

이 문장을 잘 살펴보면 커다란 비밀이 숨겨져 있으니, 공부는 순서가 있다는 것이다. 세상이 아무리 바뀌어도 반드시 알아야 할 것이 있는데 바로 '역사'이다.

옛것을 좋아하여 먼저 가서 구하여 공부했다는 것은 나라를 다스리는 자의 기본 덕목이다. 벼슬을 한다거나 백성을 다스린다거나 사회의 지도자가 된다거나 지금 세상의 오피니언리더라도 되려면 그 첫 번째가 고전 공부의 꽃이라는 논어를 공부해야 한다는 것이다.

많은 사람이 이구동성으로 하는 말이 있다. 인생 40이면 논어를 읽어야 할 나이라는 말이다. 혹자는 인생 지천명의 나이 50이면 논어를 읽어라. 혹자는 인생 60이면 새로 시작할 나이 논어로 시작하라고도 말한다. 다 좋은 얘기지만 훈장의 생각에 그 나이에 처음 논어를 읽는다면 이미 늦은 것이라 생각한다.
물론 늦었다고 생각할 때가 가장 빠르다고 위로는 하기도 하지만 분명한 것은 늦었다고 생각할 때는 이미 늦은 게 맞다는 사실이다. 다만 늦은 만큼 할 수는 있다는 말일 뿐이다.

'온고이지신 가이위사의 溫故而知新 可以爲師矣'

『논어』 위정편 11문장

'옛것을 공부해서 새로운 것을 미루어 알아낸다면
가히 스승이 될 수 있다'

옛글은 케케묵은 것이요. 이미 지나간 고리타분한 것이라고 여겨서 공부를 하지 않는다면, 그 결과는 살면서 자신이 겪고 알게 될 것이지, 달리 알려줄 방법이 없다. 사람으로 세상에 태어나서 무언가를 하고 안 하고를 떠나서 기본적으로 해야 할 공부가 곧 논어인 셈이다. 흔히 옛글을 일러 오래된 미래라고 말한다.

"그 중심이 바로 논어다."

| 논어는 몇 살에 읽어야 하는가.

훈장의 기억이 정확하다면, 거부가 된 혹자는 6세에 논어를 읽었다한다. 그가 읽었다는 논어는 지금 우리가 들어 알고 있는 그 책, 논어가 맞다. 그런데도 그는 그 논어에서 돈 버는 법을 읽었다는데 논어에는 돈 버는 법이 나오는 것은 아니다. 평생 논어를 읽어온 훈장도 논어에서 거부가 되는 법을 듣도 보도 못했다. 그럼에도 그는 논어를 읽고 논어대로 살았고 훗날 거부가 되었다. 그래서 논어는 그 갑부 집안에 대대로 가문의 헌법이 됐다고 전한다.

또 혹자는 논어를 다 읽은 것도 아니고 반 권만 읽었다 전한다.

그 반 권으로 천하를 다스리는 데 크게 부족함이 없었다 한다. 이로 인해 일국의 재상 반열에 오른다. 훈장은 평생을 논어를 읽었으나 단 한 번도 나라를 다스리는 것은 고사하고 근처에 있어 본 일조차도 없다. 이로 미루어 보아 논어라는 책은 읽는 이의 그릇에 크기에 따라서 거부도 될 수 있고 재상도 될 수 있으며 향리의 이름 없는 늙은 훈장도 될 수 있는 것이다.

혹자문여 或者問余
하래서당 何來書堂

혹자가 내게 묻기를
무엇 하러 서당에 왔는가

서당에서 공부하는 학동이라면 위의 물음에 답해야 한다.

논어라는 책은 일생을 두고 읽어야 하는 책인 것이 분명하다. 그러나 한 번쯤 치국을 하고 평천하를 꿈꾼다면 책을 읽는 '때'가 따로 있다는 것도 알아야 한다.

이를 시중時中이라한다. 다른 책은 그냥 시간이 날 때마다 틈틈이 읽어도 된다. 그러나 논어는 어려서부터 체계적으로 읽어야 한다. 유학자 퇴계 이황 선생님께서는 12세에 논어를 읽으셨다고 전해진다. 그러나 여타의 강호제현의 일들을 참고해 볼 때, 논어는 9세에 읽는 것이 가장 적절하다 여겨진다.

논어에는 수신으로 시작되는 공부 습관부터 군주의 왕도정치와 대부, 재상들의 진퇴, 치국에 이르는 평천하의 길이 자세하고도 세밀하게 기록되어 있기 때문이다.

겨우 9세 된 학동에게
"너도 이제 컸으니 나라를 다스리거라." 말할 수는 없는 일이다.
논어라는 책을 읽으면서 묻고 답하는 것이다.
왜 공부를 해야 하지?
왜 부모를 섬겨야 하지?
왜 등과하여 벼슬을 해야 하지?
만약 벼슬을 한다면 어떻게 백성들을 먹여 살리지?
논어를 읽으면서 늙은 훈장과 어린학동은 묻고 답하는 것이다.

이러한 물음은 일부러 할 수도 없고 한다고 되는 것도 아니다. 논어를 공부하며 날마다 끊임없이 묻고 답한다.

그러나 늙은 훈장의 즉답은 단 한 번도 없다.

서당에 있는 많은 책들에서 어린학동이 답을 찾아내는 수고를 하는 것이다. 이렇게 하는 것은 시간도 많이 걸리고, 몸이 수고롭기에 요즘의 눈으로 볼 때 꽤나 비효율적일 수가 있다. 그럼에도 이렇게 고집하는 것은 어린학동에게 공부습관을 길러주기 위함이다. 훈장은 그가 묻는 말에 답을 가르쳐주지 않고, '어떤 책을 읽어 보거라' 할 뿐이다.

어린학동은 훈장의 지식을 원해서 질문하는 게 아니다. 답을 말해주는 것은 훈장의 지식을 말해주는 것이고 훈장의 지식을 어린학동에게 자랑하는 것일 뿐이다.

논어 한 줄 해석하는 일이야 세상에 있는 감당할 수 없이 많은 해석본들에 있다. 그거 한 번만 읽어보고 핸드폰으로 클릭 한 번만 해본다면 늙은 훈장의 가르침보다야 백배 천배는 더 정리되고 세련된 답을 찾을 수 있다. 하지만 서당공부가 이래서는 안된다. 훈장은 속도보다 방향이라는 말은 그리 탐탁지 않다. 삶은 속도이고 순간과 찰나이며 인생은 타이밍이다.

"서당공부는 결과물이 있어야 한다."

훈장이 학동의 물음에 즉답으로 알려줌을 게을리하는 이유는 학동 스스로가 훈장의 가르침에 따라 여러 문헌 속에서 수고롭게 답을 찾아감으로 인해 스스로 새김의 시간을 주기 위함이다.

만약 배우는 학동이 새김하고 풀어쓰고 해석할 시간을 주지 않은 채 훈장이 답을 말해준다면 이는 곧 훈장의 지식을 듣는 것일 뿐이다. 서당공부가 여타의 공부와 조금 결이 다른 이유가 이것이다. 학동이 직접 서당 사방 벽면을 꽉 메운 책을 찾아 읽고 쓰고 외워봄을 통해 답을 이끌어내어 공부에 이른다. 이는 내 몸에 새김이 되고 육화되고 이러는 사이에 공부와 나는 하나가 되는 것이다.

시경에 이르길

'미불유초 선극유종 靡不有初 鮮克有終'이라 했다.

쉽게 말해서 시작은 누구나 다 잘 하지만 마무리까지 잘하는 사람은 드물다는 말이다.

춘추좌씨전 선종宣宗편에서도 같은 기록이 있는데 유사어로 풀어쓴 사자성어가 '유종지미有終之美'이다.

끝이 있어 아름답다는 말이다.

어려서 학동들의 서당공부는 이렇게 끝이 있어야 아름다움이 남는다고 훈장 나름의 새김을 했다.

| 내 몸에 익힌 공부는, 나를 배신하지 않는다.

서당에서 붓글씨를 가르치다 보면 5년 쓴 아이와 3년 쓴 아이의 실력이 천양지차로 다른 것을 종종 보게 된다. 본인이 노력한 시간, 훈장이 가르쳐 온 시간이 고스란히 실력이 되어 나타나기 때문이다. 각고의 노력으로 갈고닦은 실력이 어디 가겠는가? 그것이 자신의 실력으로 오래도록 남게 되는 것이다.

옛말에 '도구와 연장은 빌려줄 수 있지만, 재주까지는 빌려줄 수 없다'라고 했다. 재주는 공짜로 얻을 수 있는 것이 아니고 남에게 부탁해서 얻어올 수 있는 것도 아니다. 오로지 자신의 노력으로, 땀을 내야 얻어지는 것이다.

개중에는 제대로 노력하지도 않고 자신의 재능 없음을 불평하는 아이들이 많다. 똑같은 조건에서 똑같은 도구를 가지고 겨루었는데, 왜 자신의 실력만 늘지 않느냐고 말이다. 그럴 리가 없지.

재주란, 마치 밭에 씨를 뿌리는 것과 같다. 똑같이 뿌렸으나 성실하게 뿌리고, 노력하여 물을 준 사람은 가을에 이르러 많은 수확을 할 수 있으나, 게으름으로 일관된 사람은 결코 거둘 것이 없다.

재주란, 자신이 충분한 시간을 두고 갈고 닦아야만 이루어지는 것이다. 명필은 아무 붓이나 주어도 명필이다. 이는 곧 수많은 시간 동안 손과 이마에 맺히는 땀을 닦아가며 노력했다는 증거와 같다.

붓글씨가 아닌 공부도 그렇다. 그저 적당히 시간만 보내며 앉아 있다가, 밤이 되어 홀로 만족해서는 안 된다. 지금은 별반 차이가 없지만, 먼 훗날 오늘의 게으름으로 크게 후회하는 날이 있을 것이다. 언제나 세상은 심은 대로 거둔다.

무슨 일이든 원인이 있어서 결과가 있는 것이다. 실력이 늘지 않거든 자신의 노력이 모자랐던 것은 아닐까, 한 번쯤 되돌아 생각해 보라.

세상의 모든 것은 자신에게서 찾는 답이 정답이다.

맹자왈 재장륜여 孟子曰 梓匠輪輿
능여인규구 能與人規矩
불능사인교 不能使人巧

『맹자』 진심장구 下 5문장

맹자께서 말씀하셨다.
"목수나 수레를 만드는 기술자가 남에게 규구(도구)를 빌려줄 수는 있으나,
그 사람으로 하여금 자신의 솜씨를 갖게 할 수는 없다."

| 가정을 전쟁터로 만들지 마라.

자녀 교육에 있어서 서당을 찾는 이유는 그곳에 훈장이 있기 때문이며 훈장을 통해서 자녀로 하여금 『논어』『맹자』『중용』『대학』이라는 오랜 세월 검증받으며 살아남은 책들을 공부시키기 위함이며, 그로 인해서 공부의 힘이 길러지고 그 속에서 부모의 의견이 묵살되지 않으며 오롯이 자녀를 가장 잘 길러낼 수 있어서이다. 충분히 공부를 더 해서 더 잘살 수 있는데 스스로를 포기하는 우를 범해서는 안 된다.

어떤 부모가 자녀의 성공을 바라지 않는 부모가 있으랴.
어떤 훈장이 제자의 성공을 바라지 않는 훈장이 있으랴.

유자 幼子

상시무광 常視毋誑

동자불의구상 童子不衣裘裳

입필정방 立必正方

불경청 不傾聽

『예기정의』 곡례 상 제일편 마지막 문장

어른이 어린 자녀를 가르침에

늘 속이지 않는 것을 보여야 하며

어려서는 비싼 옷을 입지 않게 해야 하며

반드시 바른 방향을 향해 서도록 해야 하며

삐딱한 자세로 듣지 않도록 가르쳐야 한다.

가정교육에는 승어부勝於父가 있고

서당교육에는 청출어람靑出於藍이 있다.

승어부는 아버지를 뛰어넘는 훌륭한 자녀라는 말이고

청출어람은 훈장을 뛰어넘는 훌륭한 제자라는 말이다.

장차 아이가 공부하여 자신을 뛰어넘어 주기를 바라는 마음은 부모나 훈장이나 동일하다. 그러나 여기서 중요한 것은 집에서의 몫과 서당에서의 몫이 나뉘어 있다는 것이다.

집은 평화로운 곳이어야만 하고 늘 사랑이 넘치는 곳이어야 하며 아무것도 하지 않는 쉼이 있는 곳이어야 한다. 그래서 집이란, 엄마의 입장에서는 공안국의 말을 빌려 가화만사성家和萬事成이라 하고 아버지의 입장에서는 삼강오륜의 말을 빌려 부자유친父子有親이라 한다.

'가화만사성'은 '집이 화목해야 만사가 이뤄진다'는 말인데 집이 화목하려면 엄마가 자녀를 앉혀놓고 직접 공부를 가르치거나 시켜서는 안 된다. '부자유친'은 '아버지와 자녀는 오직 친함만 있다'는 말인데 역시 아버지가 직접 자녀에게 공부를 시키거나 가르쳐서는 이루기 힘든 말이다. 공부는 좋은 것임이 분명하지만 자칫 부모 자식 간에 짜증이나 큰소리나 잔소리 등 부모와 자식의 관계를 망가뜨릴 수 있는 것들이 부지불식간에 나올 수 있기 때문이다. 그래서 집은 오로지 따듯하고, 화목한 곳이어야만 한다.

옛 사람들은 알고 있었다.
집은 학교가 아니다.
엄마는 결코 스승이 아니다.
엄마는 아들에게 공부하라며 성화이고
아들은 공부가 싫다며 짜증을 낸다면
그곳은 집이 아닌 전쟁터일 뿐이다.

백가쟁명은 많다.
공부는 훈장에게 맡겨라
엄마의 눈높이가 곧 자녀가 도달할 높이다.
훈장은 평생을 공부한 사람이고
훈장은 가르치라고 있는 사람이다.
훈장은 못 가르칠 제자도 없고
훈장은 안 가르칠 제자도 없는 것이다.

자녀의 건강은 엄마의 몫이요
집안의 경제는 아버지의 몫이다.
사람은 한 몸에 두 지게를 질 수 없다.

그러므로 자녀의 공부까지 신경 쓰는 것은
쉬운 일이 아니다.

이를 알기에 옛사람들은 제 자녀를 직접 가르치기보다는 서로 바꾸어 가르쳤던 것이고 아이가 자라면 서당 훈장에게 맡겼던 것이다. 요즘 같은 세상에 이렇게 작심하고 가르치는 훈장이 몇이나 있으랴마는, 그럼에도 찾아야 한다.
이 나라에서 자녀인생이 공부에 달려 있음은 명약관화한 일.

| 자식을 성인군자로 만들 것이 아니라면 돈 되는 공부를 시켜라.

부모가 자녀를 서당에 보내는 것은 서당공부해서 삼십 리쯤 가야 사람 하나 볼까 말까 한 그야말로 산간 벽촌에서 '하늘 천 따지'하며 글방 훈장으로 늙어가라고 하는 것은 아닐 터. 그렇다면 세상에 속해서 소양인으로 제 목소리를 내고, 충분한 경제 활동도 되면서 자존심 상하지 않을 만큼 돈도 벌며 살아야 한다면 그에 맞는 공부를 해야 하고, 그런 공부를 가르쳐 줄 훈장을 찾아가야 한다. 여기에는 이유 따위는 없다. 핑계는 더더욱 없다. 자식의 일생이 걸려있는데 좌고우면할 그럴 겨를이 어디 있으랴. 부모라는 이름을 평가받는 항목은 단 하나만이 존재한다.

'자식이 뭐 하느냐.'
이 한 줄에 부모라는 이름의 무게가 결정된다.

아무리 속도보다 방향이 중요하다지만 그 말을 문자 그대로 받아들였다가는 큰 후회가 뒤따라올 수도 있다. 방향보다 우선하는 것이 속도인 부분도 있는 것이다. 방향만 맞으면 언젠가 도착한다는 말은 버스가 떠난 뒤 발만 동동 구르는 사람들을 부여잡고 위로하는 말일 뿐이다. 이런 말에 위로받지 마라.

때로, 삶은 속도에서 결정되어지기도 한다. 치고 빠지는 속도 속 순간과 찰나의 타이밍을 잡아야 한다. 세상은 이것을 '기회'라고 부른다. 본래 기회란 새의 이름이다. 『천자문』에 나오는 이 새는 몸에 털이 하나도 없으면서 살결이 매우 미끄러워 사람이 손으로 잡을 수가 없다. 그런데 기회라는 새가 한번 왔다가 다시 돌아올 때는 10년이 걸려서 오는데 이때는 머리에 털이 어느 만치 자라있다고 한다. 그래서 한번 놓쳐본 경험이 있는 사람은, 기회라는 새가 날아오면 무조건 머리에 있는 털을 잡아채야 한다.

그렇게만 할 수 있다면 그 사람은 그때부터는 인생 그야말로 대박이 나는 것이다. 이쯤 되면 세상 살만한 것이다.

수많은 이들이 하는 말 중에
"그깟 한문 나부랭이 몇 자 안다고 밥이나 제대로 먹겠어."
라는 말이 있다. 그렇다. 아주 적확한 말이다.
그깟 한문 몇 자 알아서 밥을 먹고 산다는 것은 거의 불가능에 가깝다. 늦게 글방을 출입한 혹자가 공직에서 정년퇴임 했다. 그의 말에 따르면 한문을 400자 정도 아는데 평생 공직생활하는데 아무런 지장이 없었단다. 맞는 말이다. 천자문을 절반만 읽어도 남 밑에서 일하는 데에는 전혀 지장이 없다.
다만 무엇이 기울어지는 담장이며, 무엇이 지는 해고 뜨는 해인지 구분할 수 있는 안목에는 미치지 못한다는 것이 문제인 것이지.

세상은 어찌 보면 엄마 품처럼 따뜻할 것 같기도 하다만 그런 달달함이 이미 오래전부터 없었다. 내 것을 지키는 것만으로 결코 만족할 수 없는, 기어이 남의 것을 빼앗아야만 만족하는, 그

것이 저들이 말하는 생존이다. 순간 한눈이라도 판다면 언제 당했는지도 모를, 서로가 물고 물리는 살얼음판 같은 세상에서 모두 남보다 더 많이 알아야 한다며 지식과 정보에 혈안이 되어있다. 결국 남보다 1초라도 더 빠르게 알면 살아남는 거고 모르면 잡아먹힌다. 여기는 질서라곤 눈 씻고 찾아볼 수가 없는 아수라장이다.

그러나 무질서 속에 질서가 있고 질서 속에 무질서를 내함 한다. 그것을 가르쳐 주는 것이 서당공부다. 여기에 사용되는 교과서가 사서이며, 이 책들의 가장 기본적인 물음이 곧 **'너는 앞으로 뭘 해서 먹고살래'**를 묻는 것으로 시작한다.

> 자장 학간록 子張 學干祿
> 자왈 子曰
> 다문궐의 신언기여즉과우 多聞闕疑 愼言其餘則寡尤
> 다견궐태 신행기여즉과회 多見闕殆 愼行其餘則寡悔
> 언과우행과회 녹재기중의 言寡尤行寡悔 祿在其中矣

『논어』위정편 18문장

> 자장이 녹봉을 구하는 방법을 배우고자 하였다.
> 공자가 말씀하셨다.
> "많이 듣고, 의심나는 일을 빼놓고 그 나머지를 삼가서 말한다면 허물이 적을 것이고, 많이 보고, 위태로운 것을 빼놓고 그 나머지를 삼가 행한다면 후회가 적을 것이니 말에 허물이 적고 행동에 후회가 적다면 녹은 그 가운데 있다."

모르는 것은 끝까지 파고들어 알 때까지 덤비라는 말이 아니라 모르면 그냥 놔두라는 것이다. 바로 이점이 논어에서 말하는 공부의 매력이기도 하다. 모르는 것은 왜 놔두느냐? 당장은 놔두고 그 다음의 공부를 해서 나의 지식이 더 성장한 후 본다면 저절로 알게 된다는 게 공자님의 가르침인 것이다.

공자의 가르침에는 현대교육에서 말하는 즉답이 없다. 모든 물음에는 참고서를 정해주고 제자로 하여금 그것을 읽고 생각하고 탐구하게 하여 종국에는 스스로 답을 찾을 수 있는 '방향'의 답을 준다. 하지만 결국 방점은 공부를 많이 하라는 것으로 귀결된다.

그렇다면 언제 공부해야 하느냐?

아무것도 모르는 어린아이일 때 공부해야 한다. 십 대가 훌쩍 지나버리면 공부는 되지만 공부가 성장하기가 매우 힘들다. 십 대 때 10년 동안 사서를 읽고 쓰고 외우며 머리를 왕창 늘려 놓으면 그 뒤로는 한번 늘어났던 머리니까 조금만 공부해도 쉽게 외워지고 다른 공부들이 수월하게 된다. 지혜로운 부모라면 자녀가 어려서 머리가 굳기 전에 수천 년 동안 인류에 검증받아 살아남은 성현의 경전으로 공부시켜 둘 필요가 있다. 그래서 자녀가 스스로의 올바른 가치관을 갖고, 옳고 그름을 판단할 줄 알며, 위로는 부모 봉양하는 데 지장이 없고, 좌우로는 형제자매 일가친척을 돌아보는 데 부족함이 없으며, 사회에서는 소양인으로 구김살 없이 살아가는 데 하등의 지장이 없도록 만들어야 하는 것이다.

| 금수저는 될 수 없다 해도 금수저를 움직일 수 있는 사람은 되지 않겠는가.

자로문군자 子路問君子

자왈 수기이경 子曰 修己以敬

왈 여사이이호 曰 如斯而已乎

왈 수기이안인 曰 修己以安人

왈 여사이이호 曰 如斯而已乎

왈 수기이안백성 曰 修己以安百姓

수기이안백성 修己以安百姓

요순기유병저 堯舜其猶病諸

『논어』 헌문편 45문장
제자 자로와 스승 공자와의 대화

자로가 군자에 대하여 물으니
공자께서 말씀하셨다
"공경으로써 자신을 닦는다."
그러자 자로가 말하였다.
"이 같을 뿐입니까?"
공자께서 또 말씀하셨다
"자기를 닦음으로 백성을 편안히 만든다."
그러자 자로가 말하였다.
"이 같을 뿐입니까?"
공자께서 말씀하셨다.
"자기를 닦음으로 백성을 편안하게 만들어야 하니,
자기를 닦아 백성을 편안하게 해주는 일은
요임금과 순임금도 오히려 어렵게 여기셨던 것이다."

이 대화는 서당 공부하는 이유가 어디에 있는가를 알려주는 말이다.

서당공부는 작게는 나를 닦는 수신修身에서 시작되어 점진적으로 학문이 깊어짐에 따라 치국평천하에 이르는 공부다.

세상은 이 정도까지만 공부해서 그 정도 인생에 만족하면서 사는 사람도 있고, 많은 공부를 해서 겨우 근근이 살아가는 인생도 있고, 그야말로 감탄이 나올 정도로 공부해서 감탄이 나게 사는 사람도 있다. 이 출발은 어려서 하는 공부에 있다.

그렇다면 어려서 어떻게 공부해야 하는가? 나의 몸과 마음을 닦아 우선 내가 먼저 경건하게 살아야 하고, 그런 다음에는 백성을 편안하게 해야 하는 것이다. 중요한 것은 내가 먼저 경건하게 살아야 한다는 것이다. 내 손에 때가 묻지 않아야 한다. 살아가면서 주머니 털어 먼지 안 나는 사람 없다며 다들 자기 나름대로 바르게 산다만, 주머니 털고 털고 또 털어도 먼지 안 나게 살아야 한다. 그렇게 사는 게 그리도 어려운 일이던가?
'태산을 옆에 끼고 북해를 뛰어 넘으라는 것'도 아닌데, 깨끗하게 사는 게 그게 그리도 어렵더란 말이더냐.

어려서 서당공부로 훈장으로부터 성현의 경전을 놓고 제대로 공부해 왔다면 그리 어려울 것도 없는 일일 것이다. 그냥 절로 터진 입이라고 먹기만 하고 대충 살기만 하면 되는 줄 아나 본데

아서라. 뭔가를 해보려 한다면 어려서부터 곧고 바르게 커야 한다. 세상이 부르는 날까지 공부를 하며 준비해야 한다.

자왈 子曰
직재사어 直哉史魚
방유도여시 邦有道如矢
방무도여시 邦無道如矢
군자재거백옥 君子哉蘧伯玉
방유도즉사 邦有道則仕
방무도즉가권이회지 邦無道則可卷而懷之

『논어』 위령공편 6문장

공자님 말씀에
곧도다! 사어여
나라에 도가 있으면 화살처럼 곧고
나라에 도가 없어도 화살처럼 곧구나.
군자로다! 거백옥이여

나라에 도가 있으면 벼슬하고
나라에 도가 없으면 이를 둘둘 말아 품었도다.

사람에게는 무엇이라도 하고 싶은 게 있는 법이다. 어떤 이는 이를 욕심이라고도 하고 혹자는 욕구라고도 하다마는 결국 원하는 것이 있다는 말이다. 하지만 우습게도 원하는 것을 이루지 못한 사람들은 약속이나 한 듯이 '원하는 것을 못 가진 인간보다 더 불행한 것은 원하는 것을 다 가진 인간이다.' '가난은 불편한 것일 수는 있어도 불행한 것은 아니다.'라는 등의 방어기제 섞인 말을 한다.

그러나 가난은 불편한 것도 맞고 불행한 것은 더 맞는 말이다. 또, 원하는 것을 못 가졌을 때가 불행한 것이지 원하는 것을 다 가졌는데 뭐가 불행하다는 것인가? 이런 말 하는 사람들은 원하는 걸 단 한 순간도 가져 본 일이 없는 사람일 것이다. 공부하는 사람은 이런 말에 위로받지 마라.
늘 말하잖아, 세상은 쌓은 공부가 깊지 못한 사람 다루는 법을 잘 알고 있다고.

공부한 사람의 부류는 단 두 개다.

어떤 이는 조금을 희생했고, 어떤 이는 전부를 희생했다.

| 책을 한 권 읽으면 책을 한 권 써야 한다.

책을 읽으면 책을 써야 한다는 말, 그 모범을 보여주신 분이 공자님이시다. 공자님께서 71세에 쓰셨다는 춘추책이 그것이다.

요즘 엄마들은 자녀에게 책을 많이 읽게만 하는데, 마냥 잘못된 것은 아니지만 조금은 아쉬운 일이다. 책을 읽었으면 거기에 그치지 않고, 읽어서 생기는 이득을 따져볼 필요가 있다. 읽기 위한 읽기는 이제는 멈춰야한다. 요즘같이 밝은 시대에 그런 케케묵은 접근방식을 고수한다면 퇴보라는 말 외에는 달리 표현할 길이 없다.

많은 어린이가 열심히 공부하는 이유는 단 하나다.

공부를 해서 생기는 그 어떤 이득 때문이다. 만약 그저 공부를 위한 공부를 할 뿐이라면 허망한 일이 될 수도 있다. 특히 어려서부터하는 서당공부는, 앞으로 살아갈 날에 대한 분명한 이득을 준다는 가정을 하고 시작하는게 옳다. 그냥 막연하게 '서당 다녀두면 좋을 거 같으니까.'라는 식으로 서당공부에 접근한다면 그것은 얻는 것 없이 몸만 수고로워 잘해야 본전인 일이 될지도 모른다.

공자님께서 몸소 모범이 되어 주셨듯이 책을 읽는다는 것은 한 권을 읽었으면 반드시 다른 한 권을 써내야 하는 게 서당공부에서 말하는 올바른 책 읽기다. 최소한 옛날에 서당에서 공부했다는 어린 학동들은 그렇게 살았다. 그러했기에 어려서부터 한시漢詩를 짓고 문장을 써 글을 묶어 책으로 펴낼 수 있었던 것이다. 바로 이런 까닭에 늙은 훈장도 어린 학동들과 책 읽기를 통해서 책 한 권을 읽으면 책 한 권을 써내는 방식을 고집하고 있는 것이고, 서당학동들이 어려서부터 글 짓고 책을 쓰는 것이다.

책을 쓰기 위해서는 책 한 권을 읽되 경전 해석하듯이 가열차고 맹렬하게 읽어서 내용을 완전히 습득한 후 그렇게 읽은 책을 본

삼아 또 다른 한 권의 책을 써내는 것이다. 이러한 것을 가르쳐 주는 것이 공자님의 춘추 책인 거고, 공자님의 가르침인 거다.

사실 요즘엔 책 쓰기가 많이 쉬워진 것인 것만은 분명하다. 늙은 훈장의 어린 시절 경험을 말한다면 경전공부하는 도중 틈틈이 신문을 읽었다. 신문은 경전의 글귀와 달리 재미있고 그 시대를 관통하는 촌철살인의 명문장을 읽어낼 수가 있다. 늙은 훈장은 어려서 경제신문을 장장 2개씩 봤고, 열 살 이후로는 한 부 더 추가하여 3개를 봤다. 비록 지금도 경제에는 문외한이나. 사설과 칼럼 및 오피니언의 글들은 단 하루도 거르지 않고 모두 읽었던 기억을 갖고 있다.

요즘은 정보화 시대니 만큼 7세부터 17세 나이에는 반드시 최소한 5대 일간지 정도는 매일 읽어두는 것이 유익하다. 이렇게 읽은 글들에 대한 검증의 시간을 갖는데 대체로 매주 수요일에 차 마시면서 묻고 답하는 공부가 그것이다. 신문의 칼럼이나 사설을 읽는 이유는 경전의 문장 외에 시대가 주는 감각적 균형과 어휘를 풍성하게 하기 위함이다.

사실 서당 공부한 학동은 자신의 말속에서 그동안 읽은 신문 사설이나 칼럼의 문장이 경전의 글과 함께 어우러져서 나와야 하는 거다. 그래야 그 학동이 말하는 것을 듣기만 했을 뿐인데도 '아하. 저 아이는 어느 훈장에게서 글을 읽었구나.'가 묻어나는 것이다.

어느 서당이든 글씨나 말투에서 그 서당만의 특유의 버릇 같은 게 있다. 어려서 서당공부를 해 봤다면 충분히 알 수 있는 일들이다.

그러면 굳이 경직된 춘추 책을 읽는 까닭은 뭘까?

춘추를 읽는 이유는 공자님을 가장 가까이서 알 수 있는 기본서이기 때문이다. 춘추를 읽는다는 것은 인문학의 정수인 문文 사史 철哲을 아우르는 철골을 세우는 것과 같다. 그래서 어려서 춘추 책 한 권을 떼면 그날에는 떡도 하고 고기도 삶고 하여 마을 잔치를 하는데 이를 책씻이 곧 세책례洗冊禮라고 한다. 서당 학동이 벌써 이 나이에 춘추 책을 읽었습니다. 라는 알림과 동시에 자랑도 할 겸 거하게 한 턱을 내는 것이다. 늙은 훈장이 뉴스서천신문에 기고하고 있는 전문을 인용하면 이렇다.

공자의 역사비평서 '춘추'

공부의 문을 처음 연 인류의 사표 공자는 68세에 철환주유 마치고〈육팔향환철六八香環轍〉 70세에 이르러 춘추경을 지으셨다.〈장국춘추경杖國春秋經〉

춘추라는 책은 주周왕조시대의 제후국이던 노나라의 열네 명의 제후의 역사로 기원전 722년 은공원년으로 시작해서 기원전481년 애공14년까지의 노나라 열두 제후의 재위 242년간의 역사를 산삭刪削 편수編修하여 연대순으로 역사를 기록한 편년체編年體로 엮은 역사학의 경전이다.

여기서 두 명의 제후 17대 제후 노군魯君 반斑의 기록과 24대 제후 노군魯君희야姬野의 기록은 제외된다.

노군 반은 노장공의 아들로 중손경보에게 죽임을 당하고 노양공의 아들인 희야는 노나라 제후가 된지 3개월만에 사망한다. 17대 노군 반과 24대 노군 희야를 춘추에 기록하지 않음은 필삭筆削이라한다. 이미 써놓여진 글에 더 쓸 것은 더 쓰고 깎을 것은 깎는다는 말이다.

필삭이란 용어는 자칫하다가는 역사왜곡이라는 오명과 함께 수렁에 함몰될 수 있는 위험한 말이다. 사마천은 사기史記 공자세가孔子世家편에서 공자의 말을 빌어 이렇게 변호한다. 공자께서 춘추를 기록함에〈지어위춘추至於爲春秋〉 기록할 것은 기록하고〈필즉필筆則筆〉 삭제할 것은 삭제했다.〈삭즉삭削則削〉 바로 이 문장 한 구절이 훗날 지식인과 역사가와 주경가들에 의해서 역사에 죄를 짓는 위정자들에 대한 대의명분大義名分에 입각한 추상 같은 춘추필법春秋筆法으로 잉태된다.

여기서 또아리를 튼 것이 포폄褒貶이다. 징비록懲毖錄을 쓴 서애 유성룡은 1592년 임진년 4월 초하루 동틀 무렵 신립 장군과 나눈 대화를 기록하면서 했다는 말 중에 하나가 '역사는 포폄褒貶정신이다'라고 전한다.

포폄褒貶에서 포는 '기릴 포'로 쓰며 폄은 '깎아내릴 폄'으로 훈독한다. 곧 포褒는 칭찬한다는 말이고 폄貶은 깍아내린다는 말이다. 그렇다면 역사가 포폄 정신인 이유가 뭘까. 무경십서중 무경9서삼략 제1편상략 군참軍讖편에 나오는 말이다. 간웅들은 서로를 칭송하며〈간웅상칭姦雄相稱〉 군주의 눈을 가려〈장폐주명障蔽主明〉 시비를 판단하지 못하게 하며〈훼예병흥毁譽幷興〉 군주의 귀를 막고〈옹색주총壅塞主聽〉 저들끼리 비호하며 조정을 장악하여〈각아소사各阿所私〉 군주로 하여금 충성된 신하를 못 만나게 한다.〈령주실충令主失忠〉 이것을 정론직필로 바로 고쳐 세상에 알리는 것이 포폄褒貶정신에 입각한 춘추필법이다.

한고조 유방을 도와 한나라를 세운 장자방 유후 장량은 훼예병흥毁譽幷興에서 훼예毁譽는 포폄褒貶과 같은 말로 이해 했다 한다.

고전에서 춘추에 관한 첫 문헌 전술자는 공자보다 180여년 뒤의 사람인 맹자의 기록이 유일이다. 맹자는 자식이 아버지를 살하고 신하가 임금을 시하는 살부시군殺父弑君의 극악무도함을 우려하여 공자께서 친히 춘추를 편수編修하셨다며 금도를 뛰어넘는 말을 하는데 "공자께서 춘추를 완성하시니 난신적자가 두려워했다〈孔子成春秋而亂臣賊子懼/孟子滕文公章句下篇〉"가 그 말이다.

이 논리는 지식인과 저자거리의 장삼이사는 물론 오늘날까지도 역사를 보는 공정과 정의와 상식을 재는 잣대가 되어 추상같은 기준과 원칙으로 엄정하게 일반대중의 뇌리에 각인되어 있다. 공자는 자신만이 갖고있는 명하론名河論〈이름이 강물처럼 흘러 천하에 떨치다〉을 논어 위령공15-19문장에서 이렇게 밝힌 바 있다. "군자는 죽음에 이르러 한가지 근심이 있나니〈군자질몰세君子疾沒世〉 자신의 이름이 세상에 알려지지 않음이 그것이다.〈이명불칭언而名不稱焉〉"

이런 명하론을 바탕으로 기록한 것이 춘추다. 공자孔子는 자신이 노년에 편수한 춘추에 대한 자부심이 하늘을 찔렀는데 그 강개함을 이렇게 기록한다. "후세에 나를 알아줄 자도 춘추요〈후세지구자이춘추後世知丘者以春秋〉 나를 죄 줄자도 또한 춘추다.〈而罪丘者亦以春秋〉 춘추는 "주나라 왕王만이 정통임금의 나라이며 그 외 다른 나라들은 모두 신하의 나라다"라는 사실을 천명키 위한 공자의 역사비평서라 할 수도 있다.

뉴스서천 2022년 1월 28일 고전산책 편 전문 발췌

| 누구든 가르쳐 재상에 이르게 할 수 있다.

훈장에게는 못 가르칠 제자는 없으며, 사람이 배워서 못 할 것은 존재하지 않는다. 훈장은 그 누구라도 그에게 맞게 가르쳐 초야의 선비를 만들 수도 있으며, 그를 재상의 자리에 오르게 할 수 있다. 이것이 훈장의 일인 것이다.

퇴계 이황 선생은 명종明宗 원년, 곧 46세 되던 해 2월에 장인 권질權礩이 죽고 3개월 뒤 부인 권 씨가 죽어 장례를 치렀다. 8월에 이르러 교서관 교리 겸 승문원 교리에 임명되었으나 병을 이유로 출사를 미루니 지인 고관대작들이 상처喪妻에 의한 슬픔의 위로도 할 겸, 어느 촌로가 초라한 모습으로 대문 앞에 서성이고 있었다. 퇴계 선생은 버선발로 달려가 그를 맞으며 잠시 올라오라고 하였으나, 정작 그 촌로는 고관대작들의 면면이 보이는지라 황망히 위로와 축하의 말을 전하고 대문 앞을 총총히 나섰다. 퇴계 선생이 문을 나서는 뒷모습에 허리를 깊이 숙여서 길게 인사하고는 돌아와 앉으니 좌중이 물었다.

"방금 그 촌로는 뉘시기에 그대가 버선발로 달려가 맞으셨소?"

퇴계 선생이 대답하였다.

"재 너머 두싯골 서당 훈장님이십니다. 열두 살 때 숙부님께 논어를 읽었는데 그 전에 초학공부를 가르쳐 주셨지요."

그렇다 훈장은 이런 것이다. 제자를 가르쳤으면, 그가 평생을 존경할 수 있는 스승으로 남는 사람이다. 그러기에 제자를 잘 길러내는 일은 훈장의 가장 중요한 일과이기도 하다.

그렇다면 유학의 성인이신 공자님께서는 제자를 어느 정도까지 잘 길러내셨을까?

계강자 문 季康子 問
중유가사종정야여 仲由可使從政也與
자왈 子曰
유야과 어종정호하유 由也果 於從政乎何有
왈 사야가사종정야여 曰 賜也可使從政也與
왈 사야달 어종정호하유 曰 賜也達 於從政乎何有
왈 구야가사종정야여 曰 求也可使從政也與
왈 구아예 어종정호하유 曰 求也藝 於從政乎何有

『논어』 옹야편 6문장

계강자가 물었다. "자로에게 정사를 시킬 수 있겠습니까?"
공자께서 말씀하셨다. "자로는 과감하니 정치에 종사함에 어떤 어려움이 있겠는가?"
다시 물었다. "자공에게 정사를 시킬 수 있겠습니까?"
공자께서 말씀하셨다. "자공은 통달하였으니 정치에 종사함에 어떤 어려움이 있겠는가?"

다시 물었다. "염구에게 정사를 시킬 수 있겠습니까?"
공자께서 말씀하셨다. "염구는 재주가 있으니 정치에 종사함에 어떤 어려움이 있겠는가?"

서당공부의 묘미는 바로 이곳에 있는 것이다.

이러하듯 자로와 자공, 염구는 나라를 다스리는 재상 정도의 일을 하는 데는 아무런 지장이 없을 정도라고 공자님께서 보증하셨다. 제자들은 나라를 다스릴 만큼 공부는 했고 공자님께서는 또 제자를 그렇게 가르쳤다는 것이다.

서당에서 무슨 공부를 어떻게 했기에, 무려 한 나라의 재상이 될 수 있다는 말인가? 서당에서 공부하는 책. 곧 『논어』, 『맹자』, 『중용』, 『대학』, 『시경』, 『서경』, 『역경』, 『예기』, 『춘추』 등 모든 책이 그 바탕에 정치를 깔고 있기 때문이다. 그중 증자께서 쓰신 『대학』은 정치의 요체만을 기록한 정치서이며, 어려서부터 서당에서 이러한 책을 공부하니.

눈만 뜨고 읽고 쓰고 외우는 책이 '수신제가치국평천하'요
밥만 먹으면 읽고 쓰고 외우는 책이 '수신제가치국평천하'이니
서당공부는 누가 시켜서가 아니라 저절로 뜻이 커지게 되어있다.

한평생 그럭저럭 살게 하고자 자녀를 서당까지 보낸 것은 아닐 터.

| 서당공부는 이단異端은 상종도 말지니라.

이단 異端
즉불가전치야 則不可專治也

불유설불가전치 不惟說不可專治
편략거리회타야부득 便略去理會他也不得

약시자가학유정지 若是自家學有定止
거간타병통각득 去看他病痛却得

『주자전서』 권20 공호이단章

이단은
공부해서도 아니 된다.

이단에 관하여는
말해도 안 되며 공부하는 것도 아니 되며
대략 이해를 하거나 만나서도 이득이 없다.

이는 공부가 깊어야 있어야
이단의 병통함을 알 수 있다.

어느 시대에나 삿됨은 있어 왔다.

이단이라 표현하신 것은 공자님이시고, 사문난적과 사이비라고 표현하신 것은 맹자님이시다. 공부라는 것은 늘 바른 학통을 지닌 가르침이어야 하고 나의 자녀를 가르치는 훈장의 학통의 연원은 어디에 있는가를 확인해 볼 필요가 있으며 혹여 이단이나 사이비나 사문난적에 기운 것은 아닌가를 반드시 확인해 봐야 한다.

즉, 누구에게 배웠고, 누구의 문도이며, 어느 학통인가에 대해 명징해야 한다. 책은 무엇을 썼으며, 논문은 몇 편을 썼으며, 성품의 결격사유의 유무를 따져보며, 경전에 대하여 어떠한 강설을 내어놓았는가를 살피며, 술·담배·커피·여타의 식품에 노출됐다던가 윤리 도덕적으로 얼마만큼 자기 절제를 해오고 있는가를 반드시 검증하며, 전통서원이나 국가공인기관의 문화원 여타의 공적 검증된 기관에서 강설한 경험이 있는가도 반드시 살펴야 한다.

이러한 일들은 암암리에 알아볼 것이 아니라 드러내놓고 묻고 따져야 한다.

자왈 子曰
이아위은호 以我爲隱乎
오무은호이 吾無隱乎爾
오무행이불여 吾無行而不與
시구야 是丘也

『논어』 술이편 23문장

공자님 말씀에
너희는 내가 숨기는 것이 있다고 생각하는가?
나는 숨기는 것이 없노라
나는 무엇을 하든 너희와 함께하지 않은 것이 없으니,
그것이 나다

훈장의 삶에는 사생활이라는 게 없다. 어린 학동들이 훈장의 삶을 지근거리에서 봐오고 있고 또 본받으며 자라기 때문에 훈장은 사생활이라는 것이 추호도 존재할 수가 없다. 사생활을 찾으려면 차라리, **훈장을 그만두면 될 터이다.**

제 3장

"어려서 훈장을 만나 자란다는 것은, 그야말로 복 중의 복이다."

| 서당공부는 청소에서 시작된다.

자하는 제자를 가르침에 먼저 청소에서 시작하였다. 이를 두고 동문들이 말이 많았는데,

자유왈 子游曰
자하지문인소자 子夏之門人小子
당쇄소응대진퇴즉가의 當洒掃應對進退則可矣
억말야 抑末也
본지즉무여지하 本之則無如之何

『논어』 자장편 12문장

자유가 말했다.

"자하의 제자들은 물 뿌리고 청소하고 응대하고 나아가고 물러나는 예절에 있어서는 괜찮으나, 이는 지엽적인 일이다. 근본이 없으니 어찌하겠는가?"

나이 차이라고 해봐야 겨우 한 살 차이의 동년배로서, 듣기에 따라 독설임이 분명한 말이다. 자유 입장에서 볼 때 자하가 제자들을 가르치는 일은 매일 청소를 과하게 시키니 그리 보일 수도 있으리라.

정자는 『근사록』 권11 교학편 2문장에서 이렇게 주석을 달았다.

자쇄소응대상 自灑掃應對上
편가도성인사 便可到聖人事

『근사록』 권11 교학편 2문장

쇄소응대로부터 그 이상으로 올라가면
가히 성인의 일에 도달할 수 있다

주자의 제자요 사위인 채침蔡沈의 말을 빌리면 쇄소, 곧 청소는 이移이라 했다. 변화를 말한다. 청소를 하면 바꿀 수 있다는 것이다. 그것이 자신의 삶이든, 무언가 마음에 들지 않는 상황이든,

"삶의 변화를 원하는가 그렇다면 청소를 하라."

서당공부를 통틀어서 몸을 움직이는 유일무이한 운동은 단 두 개가 전부다. 새벽에 일어나 하는 영선도인법이 그 하나요, 하루 네다섯 번씩이나 하는 청소가 그 둘이다.

새벽에 일어나서 영선도인법을 하기 전에 이부자리를 정리하고, 방을 청소하고, 아침 먹으면 방 청소하고, 점심 먹으면 또 방 청소하고, 저녁 먹고 방 청소하고, 잠자기 전에 방 청소하고, 이렇게 모두 다섯 번을 한다. 이는 단순히 청소해서 방을 깨끗이

하겠다는 의미가 아닌, 종일토록 앉아서 공부하느라 몸을 움직일 일이 없기에 청소를 핑계로 몸도 움직일 겸, 빗자루로 방을 쓸고 걸레로 방을 닦기도 하는 것이다. 하루 내내 공부만 하다가 청소하며 몸을 움직여 주면 개운하기도 하다. 덩달아 서당 각자의 방은 깨끗해지는 것이다.

훈장 또한 식후에 몸도 움직일 겸 소화도 시킬 겸 운동 삼아 방 청소며 책꽂이 먼지며 여기저기 구석구석 청소한다.

더러 손님들이 서당에 와서 좋은 차를 마실 일이 있기도 한데 그때마다 서당이 왜 이렇게 깨끗하냐고 묻곤 한다. 서당 집은 비록 낡고 허름한 누옥임이 분명하나, 훈장은 훈장대로 학동은 학동대로 각자의 공간을 정해진 시간마다 쓸고 닦아 깨끗한 상태를 유지하는 것이다. 청소 또한 유학 가르침의 일부이니만큼 서당공부의 한 과정이려니 하는 것이다.

| 서당공부의 아침은 영선도인법

사람에게는 잠드는 시간이 있고 깨는 시간이 있다.

자시子時는 밤 열한 시에서 익일 새벽 한 시까지를 말하는데 이 때는 하늘이 열리는 시간이라고 하여 반드시 잠을 자는 시간이며, 하늘의 기운을 받기 위해 반듯하게 누워 가슴이 하늘을 향하게 하고 자야 한다. 그리고 한 시부터 새벽 세 시까지를 축시丑時라고 하니, 하늘이 닫히고 땅의 기운이 열리는 시간이라고 하여 가능하다면 땅의 기운을 받기 위해 자세를 가슴이 방바닥에 닿도록 엎드려서 자라고 한다. 그리고 인시寅時는 사람의 몸이 깨어나는 시간을 말하는데 새벽 세 시부터 새벽 다섯 시까지다. 서당공부의 시작은 인시寅時 무렵으로, 보통 다섯 시쯤에 일어나서 먼저 이부자리를 정돈하고 청소를 한 뒤, 방에 앉은 채로 선비의 아침체조 격인 영선도인법을 한다.

여기서 '영선'이 '영선嬰仙'이냐 '영선嬰僊'이냐의 논란은 있으나 늙은 훈장은 '갓난아이 영嬰'에 '춤출 선僊'으로 생각하니, 곧 갓난아기의 몸짓이라는 의미를 가지고 있다.

서당에서 공부한 사람이라면 누구든지 자신만의 양생법을 갖고 있다. 그 출발은,

> 신체발부 수지부모 불감훼상 효지시야
>
> **'身體髮膚 受之父母 不敢毁傷 孝之始也'**
>
> '나의 몸은 부모에게 받았으니,
> 감히 훼상하지 않는 것이 효도의 시작'

조선시대 양생법의 대표를 꼽는다면 흔히 세 사람을 드는데 미수 허목, 퇴계 이황, 우암 송시열이다.

허목은 그야말로 도사를 능가하는 인물로 거의 신선神仙의 반열은 아니어도 그 경지에 가까운 인물이다. 일반인으로는 범접

할 수 없는 도인법으로 부모님으로부터 받은 몸을 아껴온 인물이다.

퇴계 선생은 어려서부터 병약했던 탓에 스스로가 터득한 양생법으로 자기 수양법을 갖고 계셨다. 이는 곧 병약한 자신의 몸을 지키기 위해 애쓰신 결과이다.

송시열 선생의 경우는 정해진 시간에 진지 드시고 정해진 시간에 주무시는 자연 순리에 자신의 몸을 맞춰 함께 흘러가는 체화의 양생법을 체득하신 분이시다.

그렇다면 어디에나 종합병원이 있고, 손쉽게 의약품을 구할 수 있는 우리가 영선도인법과 같은 양생법을 해야 하는 이유는 무엇일까? 모두 시간 때문이다. 공부하고 서당 생활하기에도 시간이 부족한데, 몸져누워 있고, 병원에 갈 시간이 어디 있겠는가? 몸이 아프게 되면 그만큼 공부하는데 쓸 시간을 빼앗긴다. 결국, 양생법이 주는 이득은 '앎'이다.

| 서당공부의 시작

회암晦菴 주희공朱熹公 주자朱子께서 57세에 쓰신 『소학』의 첫 줄에서, 어린 학동은 이렇게 가르치라고 말한다.

"물 뿌리고 마당을 쓰는 청소를 먼저 가르쳐라."

내 자식에게 귀貴를 먼저 가르칠 것인가? 천賤을 먼저 가르칠 것인가? 어느 부모인들 제 속으로 낳은 제 자녀가 귀하지 않겠는가. 부모의 마음에, 귀하디귀한 내 자녀에게 비천하게 보이는 일을 가르치고 싶을 리는 없건만, 재밌게도 주자께서는 귀한 자녀에게 천한 일부터 먼저 가르치라 말씀하신다.

당시 주희 선생께서 가르치신 사람들은 대부 집안의 자녀이고, 사대부가의 자식이며 고관대작의 자녀들이거늘 그런 엄청난 집안의 도련님들에게 물 뿌리고 마당을 청소하라며 빗자루를 들려줌이 가당키나 하겠는가? 그러나 북송의 대학자 회암 주희 선생께서는 산촌향리의 서당 훈장으로 계시면서 글을 배우러 오는 명문가 집안의 도련님들에게 청소를 먼저 시켰다.

그런 다음에는 서당을 찾아오는 어른들과 대화하는 법을 가르치셨다.

서당에 손님이 오시면 어떻게 차茶와 과菓를 내와야 하며, 찻물은 어느 온도에 맞춰야 하며, 또 손님이 훈장님과 차를 마시며 이야기를 나누시는 동안 서당의 학동들은 어느 곳에 앉아있어야 하며 또 학동들이 손님들에게 무엇을 물어야 하고, 손님의 질문에 어떻게 대답해야 하는지를 배운다.

그런 다음에 물러남과 나아감을 가르치셨다.

훈장님 앞에서 물러남과 나아감을 익히고, 손님들 앞에서 물러남과 나아감을 익히며, 어느 때에 어떻게 행동하여야 예에 어긋

나지 않는지를 가르치셨다.

그런 다음에 절節을 가르치셨다.
어디서 멈춰야 하느냐를 익히는 몸 공부이다. 사람이 살아가는 일은 그것이 무엇이든 간에 넘쳐서도 안 되고 모자라서도 안 된다. 이런 것은 어려서 몸으로 익히는 방법 외에는 어느 곳에 가도 달리 배울 방법이 없다. 이를 몸으로 배우지 못한 채 어른이 되면 '저 본데없이 자란 것'이라는 말이 나오게 된다.

그렇다면 왜 귀함이 아닌 천함을 먼저 가르치는가?

앞에서 배워야 할 것들은, 모두 몸을 닦고修身 집안을 가지런히 하고齊家 나라를 다스리고治國 천하를 평안히平天下 하는 근본이 되기에 어려서 반드시 몸에 버릇처럼 습관화시켜 놓아야 하는 것이기 때문이다.

곧 자녀를 서당에서 공부시키는 이유는

개인으로는 몸과 마음이 병들지 않게 하고
가족에게는 결혼하여 집안을 풍족하게 잘살게 하고
마지막에는 천하의 백성을 근심 걱정 없게 만들려는 것이다.

그러므로 사람이 어려서 늙은 훈장 문하의 서당공부를 통해 자라서, 평범한 사회의 소양인을 넘어선 후 나라를 다스리며 나아가 백성을 잘 먹고 잘살게 만드는 것에 서당공부의 목적이 있는 거다.

| 서당에서 공부하면 자字가 있고 호號가 있다.

사람이 태어나면 일반적으로 갖는 이름이 있고, 살아가면서 불리는 이름이 있다. 태중에 있을 때 모친이 짓는 태명이 있으며, 태어나면 집안 항렬에 따라 문중의 어른 혹은 구학舊學에 밝으신 마을 훈장께서 지어주신 본명이 있으며, 부모나 친척 등이 어린아이를 편히 부르도록 배려하는 차원에서 아버지가 지어주는 아명이 있다.

앉고 설 자리가 비로소 구분된다는 남녀칠세부동석의 7세가 되어 서당을 다니게 되면 서당 훈장께서 학동과 공부하면서 아이의 성정性情에 따라 호號를 지으며, 나이가 13-15세에 이르면 관례冠禮의 끝 단계로 이름을 보하는 자字를 짓는다. 또, 서당에서는 모든 글씨는 붓으로 쓰기에 붓글씨를 쓸 때 작품의 머리 부분에 두인頭印이라는 도장을 찍기 위해, 여기에 한자 두 자가 들어가게 호와 대구對句를 이루도록 두인을 짓는다. 최종적으로는 태명, 본명, 아명, 호, 자, 두인 이렇게 여섯 개의 이름을 갖는다.

예를 들어 북송 때 사람 소동파蘇東坡 소식蘇軾의 경우, 동파東坡라는 아호는 원풍2년 황주 유배 시절에 지었다. 유배지에서 『논어』를 읽던 중에 자로편의 '번지가 농사짓는 일에 대하여 배우고자 스승 공자께 청하니,' 라는 부분에서 깨달음을 느껴, 동쪽 언덕에다 밭을 일구어 농사를 짓자, 당시 은일隱逸의 삶을 살던 은자隱者가 '동쪽 언덕에 밭을 일군다'는 의미인 동파東坡라는 아호를 주었다고 한다. 다른 이야기로는 연로하신 마을 훈장께서 2년에 걸쳐 봄에는 동파東坡라는 아호를 지어주고 겨울에는 눈 덮인 초가집을 보고는 설당雪堂이라는 당호를 지어주었다고 전해지기도 한다.

소식은 자가 둘이다. 첫 번째 자는 '자첨子瞻'인데 본명의 식軾

자가 허리 굽혀 고개 숙인 채 절하는 의미가 있다고 하여 자에는 첨瞻을 써서 올려본다는 의미를 가져와 이름과 서로 부족한 부분을 채우도록 지었으며 또 다른 자는 '화중和仲'인데 위로는 형과 부모, 아래로는 동생과 누이까지 모두와 화목하게 살라는 의미로 화和를 넣고 둘째라는 의미의 중仲자를 넣었다.

서당 훈장이 이름과 자와 아호를 지으면 반드시 거기에 따른 붓을 들어 정리하여 기록한 명아기名兒記가 있다. 내 자녀의 이름을 누가 지었으며 어떤 의미로 지었으며 훗날 이렇게 지어진 이름은 세상에 나아가 개인과 사회를 위하여 유익하게 쓰이는지에 대한 가늠을 하는 초석이 된다. 바로 이러한 연유로 이름을 짓는다는 것이 결코 쉽지 않다. 평생을 살아가며 불릴 이름에 그 사람의 인생의 흥망성쇠가 있기 때문이다. 이름은 가능하다면『주역』책에서 찾아 주역에 맞게 지음이 으뜸이고『논어』,『맹자』,『중용』,『대학』책에서 글자를 뽑아 지음이 그다음이고 집안이나 문중의 허와 실을 따져 지음이 그 다음이라 하겠다.

| 학동의 이름을 함부로 부르지 않는다.

사람에게는 세 가지 명이 있는데, '숙명'이 있고 '운명'이 있고 '성명'이 있다. 숙명은 사람의 힘으로 바꿀 수 없는 것이며 운명은 의지로 어느 정도 개척할 수는 있다. 그리고 성명은 숙명과 운명을 보완하는 기운이 있다.

숙명은 선천적인 것으로 바꾸기가 쉽지 않은 일이고, 운명과 성명은 후천적으로 자신의 노력에 따라서 충분히 더 나아질 가능성은 있다. 이름이란 자신을 대표하는 고유명사로서 이름만으로 그 사람의 인생을 알기도 한다. 곧 이름이 있다는 것은 어머니로부터 왔다는 말이며 이름이 있다는 것은 결코 신神이 아니라는 말이기도 하다. 물론 더러는 인간이 신이 되려다가 악마가 되기도 한다마는 암튼 신이 아닌 이상 사람은 공부해야 하고, 이 원칙은 공자님도, 맹자님도 비껴갈 수는 없다.

공자님과 맹자님도 자신의 어머니를 통해 이 땅에 왔고 또 자라면서 공부했다. 사람이 살아가면서 한 공부의 양이 많고 적음의 차이는 있지만 성인이라고 해서 공부를 하지 않은 것은 아니다. 그러니 성인께서도 공부하셨는데 감히 성인도 아닌 범부가 공부하지 않는다는 것은 나를 이 땅에 낳아주신 부모에게 죄를 짓는 행위라는 것이다. 열 달을 배 아프게 품어서 낳아주시고, 이름까지 지어서 주었다는 것만으로도 자녀 된 자는 충분히 그 은혜에 보답해야 할 의무가 있는 것이다.

본래 이름이라는 것은 임금과 스승과 부모만이 부를 수 있는 것이다. 그 이외는 남의 이름을 함부로 불러서는 아니 되며, 꼭 불러야 할 경우라면 자字나 호號를 부르는 것이다.

모든 이름에는 값이 있다. 그 값을 올리고 내릴 수 있는 유일한 방법은 바로 공부다. 이외에는 달리 방법이 없다. 어린 학동이 공부를 등한시하고 엉뚱한 일에 힘을 쏟아 하루를 허투루 보낸다면 이를 지켜보는 부모 마음은 쓰리는 정도에서 그치지는 않으리라.

| 배부름도 편안함도 구하지 않는 서당공부

"어려서 훈장을 만나 많은 공부를 하면서 자란다는 것은, 그야말로 복 중의 복이다."

어떤 일을 겪었는지는 알 길이 없으나 가끔 공부를 소스라치게 싫어하는 아이들이 있다고 한다. 하지만 그런 것은 일부 특별한 일을 겪은 아이들의 경우만 용납할 수 있는 일이고, 만약 내 아이가 어려서 공부를 등한시하거나 싫어한다면 큰일이 맞다. 공부의 나라에서 공부가 싫다는 것은 듣기만 해도 곤란한 일인 것이 분명하다. 그런 자녀를 둔 부모라면, 마음이 몹시 아프리라.

어른이 되고 나면 공부할 시간 따위는 없다. 세상은 어른의 시간을 한가롭게 공부할 수 있도록 놓아두지 않는다. 살면서 오롯이 공부에 집중할 수 있는 기간이라고 해봐야 겨우 10년 남짓 되는 시간이 전부다. 5세부터 17세 전후만이 아무런 개념도 없이 하하 호호 웃어가면서 공부할 수 있는 기간이다. 이 시기가 지나면 이후로는 아이 역시 생각이 많아져서 더 이상 공부에 집중하는 것은 쉽지 않다.

아이는 17세가 지나면서부터 이제 나도 어른이 됐다고 어른이 하는 일들을 하나둘씩 하기 시작한다. 술도 마셔보고, 담배도 피워보고, 커피도 마셔보고……. 이렇게 되면 공부에 집중하기란 어려운 일이다. 아무리 한다고 해도 어려서 공부할 때처럼 되지는 않고 집중이 많이 흐트러진다. 누군가는 카페에서 공부하고, 도서관에서 공부하고, 독서실이며 스터디카페에 출입하며 나름대로 열심히는 하지만, 한 가지 분명한 것은 좌우의 시선과 소음과 여타 크고 작은 신경 써야 할 일들로 인해 온전히 공부에 몰입한다는 것은 쉽지 않으리라. 공부하고자 한다면 외물을 끊어야 한다. 아무도 없는 산간벽지든 섬이든 산골짜기에 있는 서당이든 어딘가 아무런 방해도 없는 곳으로 들어가서 그야말로 닥치고 죽치고 앉아서 공부해야 한다.

하지만 많은 이들이 외물을 끊지 못하고 앞서 말한 경우처럼 사회의 모든 것을 누리며 공부한다. 그러나 훈장은 이러한 자세로 공부하겠다는 생각에 동의하기 어렵다.

밥 먹으면 공부하고
눈뜨면 공부하고
숨 쉬면 공부하라.
서당공부는 집착이다.
서당 밥처럼 밥은 허기만 면하면 되는 것이고
서당 집처럼 집은 비바람만 막아주면 되는 것이다.
세상하고 거리를 두고 오직 공부에만 몰입해야 한다.
마치 훈장처럼, 경전에 있는 대로
그 누구의 눈치도 볼 것 없이
책과 더불어 공부하는 거다.
하루 종일 읽고 쓰고 외우는 일이 전부인 세상이 서당이다.

그 외에는 아무것도 생각할 필요도 없고 해서도 안 된다.

훈장은 학동을 가르침에 있어서 저들이 서당공부를 마치고 서당 문밖을 나가서 후회하는 삶을 살게 되는 일을 원치 않는다. 그저 경전의 가르침대로 '서두름도 없고 작은 이익에 눈을 돌리지 않는' 공부하길 원하는 것이다.

공자님께서는 제자를 가르쳐 길러냄에, 여러 나라의 재상 자리에 올려놓고, 혹은 고을의 목민관인 읍재로 세우시거나 이도 저도 아니면 제후의 스승이 될 수 있을 정도의 실력을 길러 놓아 세상에 내보내셨다.

자하 위거보재 문정 子夏 爲莒父宰 問政
자왈 무욕속 무견소리 子曰 無欲速 無見小利
욕속즉부달 견소리즉대사불성 欲速則不達 見小利則大事不成

『논어』 자로편 17문장

자하가 거보 땅의 재상이 되어 정치를 물으니 공자님 말씀하셨다.

"서두름이 없어야 하고 작은 이익에 눈을 돌리지 말아야 한다. 너무 서두르면 이르지 못할 것이며, 작은 이득에 눈을 돌리면 큰일을 이루지 못하느니라."

| 서당공부는 맞춤교육이다.

서당공부에 있을 수 없는 한 가지 말은 '나는 공부를 못한다.' 라는 말이다. 서당공부는 공부를 못할 수가 없는 구조다. 서당에는 날마다 그날 해야 하는 공부의 분량이 있다. 정해진 분량의 공부를 훈장님과 함께 마주 앉아서 읽고 쓰고 외우며 반복하기를 새벽공부, 아침공부, 오전공부, 오후공부, 저녁공부, 밤공부. 그리고 나면 그날 한 공부에 대한 시험 격인 '강講'을 바치고 잠을 잔다.

그렇다면 하루 내내 공부만 하느냐? 꼭 그런 것만은 아니다. 쉬는 시간도 있고, 함께 차를 마시며 이야기를 나누기도 한다.

쉴 때는 무작정 아무것도 하지 않으며 쉰다는 것은 아니고 '한시漢詩'를 짓거나 '부賦'를 짓는 데, 대부분 '압운押韻'에 맞춰 '오언절구'의 한시를 짓는다. 이렇게 매일 한두 편씩 지어진 한시가 모여지면 그해
가을 10월쯤이면 한 권 한시漢詩집으로 묶어 책을 낸다. 이렇듯 한시를 짓는 일은 한가하거나 쉬거나 할 때 하는 일들이고 그 외에 밥 먹는 시간을 제외한 모든 시간은 오늘 공부 분량을 읽고 쓰고 외우고 반복하여 '쉬는 죄'를 범치 않게 하는 것이다.

구조가 이러하니 어찌 공부가 되고 안 된다는 말이 있을 수 있겠는가. 그런 말은 서당공부를 제대로 하지 않은 사람이 할 수 있는 말이다. 서당공부는 설령 낫 놓고 기역 자를 모르더라도 저절로 알게 된다. 그게 무엇이든 같은 공부를 알 때까지 읽고 쓰고 외우기를 반복하기 때문이다. 결국 서당공부는 시간 싸움이다. 시간을 길게 하면 길게 할수록 더 많이 더 깊이 알게 되고 시간이 짧으면 더 적게 더 얇게 알게 되니, 세상에서 가장 정직한 공부라 말하는 이유가 이곳에 있는 것이다. 그러니 서당에서 공부한 사람들은 세상으로 나간 뒤 그 사회에서 요구하는 그 어떤

시험이라도 떨어지는 경우가 없다. 어려서부터 어떻게 공부해야 하는가를 몸이 먼저 알기 때문에, 쉽다든지 어렵다든지 그런 말들은 아무 의미조차 없는 말이 된다.

만약 서당에서 공부했으면서 사회가 요구하는 시험에 떨어지는 것은 단 하나의 이유만 있다.
시험이 어려워서 떨어지는 것이 아니며, 공부를 못해서 떨어지는 것도 아니고 오직 덜 해서 떨어지는 것이다. 그러하니 '왜 공부를 덜 해서 떨어졌을까?' 하고 묻고 따져야 한다.

공부는 기본적으로 앉아서 내 몸과 머리가 하는 싸움이다. 그다음에야 읽고 쓰고 외우기를 반복할 수 있다. 여기서 중요한 것은 기본인데, 대단히 중요한 것이다. 기본은 내가 흔들릴 때 나를 잡아주는 힘이 된다. 기본이 튼튼하지 못하다면 어느 정도 수준의 시험까지는 쉽게 합격할 수 있지만 사회에서 말하는 '어려운' 시험에서는 합격할 수 없다. 즉 나의 몸에 엉덩이를 방바닥에 철썩 붙이고 앉아서 버텨주는 무식한 건강함이 있어야 한다. 이것이 서당공부의 가장 기본이 되는 거다.

이러한 몸을 만들기 위해서 오늘 공부할 분량을 읽고 쓰고 외우며 반복하기를 새벽공부, 아침공부, 오전공부, 오후공부, 저녁공부, 밤공부까지 하고, 강講을 바치고, 잠을 잘 때까지 끝나지 않을 것 같은 시간을 단련하는 것이다. 요즘도 이렇게 공부하는 서당이 몇이나 남아 있으랴마는 적어도 이 늙은 훈장은 이렇게 공부한다. 이렇게 하지 않는 공부라면, 혹 '서당에서 하는 공부'라고는 할 수 있지만 '서당공부'라 말하기는 어렵지 않을까.

| 서당공부는 1:1 격대교육이다.

서당공부는 팀티칭도 아니고 그룹스터디도 아니고 훈장과 학동 한 사람만이 존재하는 1:1 맞춤 공부로 격대隔代를 선호한다. 격대라는 말은 세대 간의 간격을 말한다. 공자님과 제자들 간의 나이 차를 볼 때 몇몇을 제외한 대부분은 35-50세 정도의 나이 차를 갖는다. 바꿔 말하면 살날보다 죽을 날이 가까운 사람이 앞으로 죽을 날보다 살날이 많은 사람에게 가르침을 준다는 것이다.

왜 이러한 격대가 필요한가? 감정의 기복을 최소화하기 때문이며, 언어가 정제되었기 때문이며, 생각에 오염된 것이 없기 때문이며, 경전을 보심에 서두름이 없으시기 때문이며, 맑게 갠 도포에 치포관 쓰시고 책상에 책 펴놓으시어 24시간 공부만 하시기 때문이다.

세상에 대하여 귀를 닫으시고 먹는 것에 대하여 입을 닫으시고 살아가는데 기쁜 일도 없고 싫은 일도 없고 하루 종일 공부하는 것이 좋은 일인 것, 그것이 늙은 훈장의 낙樂인 것이다.

훈장의 삶이란 도포에 치포관 쓰고 앉아
논어 펴놓고 한 줄 읽으면 생각하고 또 읽고
하루하루 시간과 함께 흘러가는 인생이다.

그 손 뻗으면 닿을 거리에 학동이 제 수준에 맞는 책을 펴놓고 학동의 공부를 한다. 학동은 모르는 것이 있으면 물어보고 훈장은 학동이 묻는 말에만 대답한다.
여기서 공자님과 제자가 학문을 하던 논어 속 모습이 나온다.

그 내용에 따라서는 평가나 가르침을 요구하기도 하지만 가끔은 대답에 있어서 일방적이고 지시적이며 평가적인 경향을 강제

하기도 한다. 이런 식의 훈장과 학동 간의 논어와 같은 대화법은 학동의 가슴속에 잠자고 있는 거인을 깨우는 도구요, 통로요, 매개체가 되어 학동 개개인의 삶에 연결되고 긍정적 이해로 꽃을 피우게 된다. 곧 아무것도 남지 않는 멍한 관념에 빠지는 공부가 아닌 실천이 있는 공부가 된다.

> 공자가어 라는 책에 스승 공자님과 제자들 간의 대화 한 토막이 있다.
>
> 공자님은 형의 아들 공멸孔蔑에게 물었다.
> 너는 관료가 된 뒤에 뭘 잃고 뭘 얻었는가?
>
> 조카 공멸이 시무룩하니 답한다.
> 얻은 것은 없고 잃은 것만 셋입니다.
> 첫째 나랏일이 많아 공부를 잃었습니다.
> 둘째 녹이 적어 부모 봉양을 잃었습니다.
> 셋째 벼슬 사느라 바빠 벗을 잃었습니다.

똑같은 질문을 제자 복자천宓子賤에게 물었다.

복자천이 답한다.

잃은 것은 없으며 세 가지를 얻었습니다.

첫째 공부한 것을 실천해서 좋았습니다.

둘째 녹봉으로 부모님을 잘 모셨습니다.

셋째 벼슬 살면서 벗과 가까워졌습니다.

위의 글은 서당 훈장은 어린 학동들과 어떤 대화를 어떻게 해야 하는가에 관한 시금석이 된다.

훈장은 농담을 한다거나 시세 강론을 한다거나 시류를 논해서도 안 된다. 세수가 60이 넘은 훈장이 불과 여덟아홉 된 학동에게 할 수 있는 말이란 공자왈 맹자왈 그게 전부다. 그렇다고 늙은 훈장이 함께 놀아줄 수도 없고 친구가 될 수도 없다. 하루가 마치도록 서로의 책상을 끼고 앉아 늘 공부하는 모습을 서로가 보여주면 될 뿐이다.

| 서당공부는 급하게 하지 않는다.

대기만성이란 말을 우리는 참 많이 들었다. 옛날에는 대기만성형 인간이란 말을 칭찬으로 듣는 경우가 많았다. 그런데 요즘은 어쩐지 이 말을 들으면 욕을 들은 듯 찝찝한 기분을 지울 수 없다. 왜일까?

급해진 탓이다. 지금 빨리, 남들보다 먼저 출세도 하고 성공도 하며 뒤처지기보다는 재빨리 앞서나가기를 추구하는데, 무슨 대기만성? 하는 생각을 모두가 가지고 있다. 눈앞에 당장 보이는 것, 내 손에 당장 잡히는 것만이 믿을 수 있다고, 어떻게 먼 미래를 바라보며 마냥 준비만 하냐고 답답해하는 사람도 있다.

그러나 노자가 말하길, "큰 그릇은 늦게 만들어지고 큰 무리는 모양이 없다." 하였다.

인생은 짧은 구간을 돌고 도는 쇼트트랙이 아니다 오히려 먼 거리를 인내력 있게 달려야 하는 마라톤에 가깝다. 빨리 출발하였다고 해서 반드시 먼저 도착하리란 보장은 그 어디에도 없다. 짧은 거리를 빠르게 통과했다고 해서 도착점에 같은 페이스를 유지하며 도착하리란 보장 또한 없다.

서두르지 말라. 하루하루 천천히, 그러나 성실하게 자신을 닦고 기름을 치고, 이음새를 조이자. 급하게 가면 넘어질 따름이다.

봄에 꽃을 피우지 못한다고 해서 뽑아버리지 말라.
여름에 피는 해바라기도 있으니.
여름에 꽃을 피우지 못한다고 해서 뽑아버리지 말라.
가을에 피는 국화도 있으니.
가을에 꽃을 피우지 못한다고 해서 뽑아버리지 말라.
겨울에 피는 동백도 있으니.
누구에게는 때는 온다.
그 '때'를 기다리며 성실히 살아갈 수밖에.

대기만성 大器晩成

『도덕경』下篇 제41장 중에서

큰 그릇은 만드는데 오래걸린다.

| 서당공부에는 회초리는 없다.

서당에는 학동 숫자가 아무리 많다고 한들 아홉 명을 벗어나지 않는다. 특별한 경우도 있겠으나 대체로 서당의 학동은 적게는 한 명에서, 많게는 두서너 명이고, 더 많아 본들 다섯 명을 넘지 않는 게 일반적이다. 그 이상의 숫자는 훈장 혼자서 천방지축 아무것도 모르는 개구쟁이 학동들을 볼 수가 없다. 이 정도면 공부는 고사하고 그냥 아이들 돌보느라 하루를 다 보내기에도 벅차다.

이런저런 이유를 들어 서당에서 공부하는 학동은, 적으면 적었지 많은 아이가 한꺼번에 공부하는 경우는 없다. 남의 집 귀한 자식을 마치 시장터처럼 몰아넣고 훈장과 함께 시끌벅적하게 생활한다는 건 모두에게 불편한 일이다. 서당은 공부하는 곳이기에 그렇고, 더욱이 서당공부는 모두 학습 진도가 다르기에 그렇다.

개개인의 이해력에 따라서 공부하기에, 모른다고 야단 칠 일도 없고, 안 한다고 꾸지람할 일은 더욱 없고, 늦으면 늦는 만큼 빠르면 빠른 만큼 학동의 입장에 맞춰 진행하는 교육은, 회초리는 커녕 큰소리 낼 일도 없다.

편작관형 복작교형 '鞭作官刑 扑作教刑'

『서경』 순전편 11문장

'회초리로 교육의 형벌로 삼아 종아리를 때린다.'

이 글귀는 옛날에는 훈장님의 회초리가 모두에게 인정되던 시대였다는 말이기도 하다. 세상에서는 이를 빌미로 그때의 서당에서는 회초리로 때려 가르쳤다고 말들을 하지만, 이런 말을 하는 것은 서당을 몰라서 하는 말이다.

서당은 글 읽고 공부하는 곳이지 회초리로 종아리를 치는 곳이 아니다. 서당공부에 관해서 이런 오해를 살 수 있는 그림이 한 점 있는데 '단원 김홍도'의 '서당'이라는 그림이다.

그 그림에 보이는 훈장은 몹시도 늙었으며 헐렁한 유복에 빛바랜 치포관을 썼으며 정리가 안 되어 머리카락이 사방으로 삐져나왔고, 특이하게도 허리띠가 유독 까맣다. 또 늙은 훈장을 중심으로 훈장의 오른쪽에는 받침대 위에 벼루와 붓이 있으나 글씨 쓴 흔적은 없었으며, 그 앞쪽에 세 명의 학동이 있고, 왼쪽에는 갓 쓴 학동을 포함 다섯 명의 학동이 있다. 갓이 상당히 큰 것으로 보아 몰락한 사대부가 자녀이거나 고을 사또의 첩의 자녀일 수도 있다. 또 가운데 훈장의 책상인 '서안書案' 앞에는 어린 학동이 책을 편 채 훈장과 책을 등지고 돌아앉아 왼쪽 손등을 왼쪽 눈에 대고 오른손으로는 왼발의 대님을 붙들고 있는 장면이다. 훈장의 표정은 다소 안쓰럽다는 듯이 하는 데에 비해 방안에 둘러앉은 학동들은 비교적 표정이 밝다.

여기서 주인공은 오른손으로 대님을 붙들고 왼손으로 눈물을 닦는 듯 하는 돌아앉은 학동일 것이다. 책이 특정 부분에 펴진 상태로 말려 접혀 있는 것으로 보아 '강講'을 바치기 전의 모습일 것이다. 곧 어제 공부한 것을 다 외웠는지 못 외웠는지 책을 안 보고 외우는 시험인 '배강背講'을 하는 장면이다. 이 학동의 표정으로 보아 다 외우지 못해서 꾸중 들을 것을 염려해서 미리 우는 것인지 아니면 외운 것이 기억이 안 나서 머뭇거리는 것인지 헷갈린다. 왼손이 눈가로 간 것으로 보아 우는 표정은 맞는 거 같지만, 개인적으로는 그림의 눈동자가 동그란 것으로 보아 울지 않는다는 쪽에 방점을 찍고 싶다. 우는 모습이라면 눈의 모양이 옆으로 째지는 듯 그렸어야 옳다고 생각한다. 하지만 배강 중인 학동의 눈동자는 동그랗다. 아마도 외우다가 잊어버려서 머뭇거리는 장면이라고 생각한다.

또 배강을 바치기 전, 우는 모습이 아닌 머뭇거리는 모습으로 봐야 한다고 생각하는 결정적인 부분은 훈장 책상에 아무런 책이 없다는 점이다. 학동이 배강을 할 때는 책을 들고 훈장 앞에 나와서 책을 훈장님께 드리면 훈장은 학동이 건네준 책을 책상에 펴놓고 왼손으로 왼쪽 방바닥의 글자를 짚어주는 '장채章棌'를 들고 학동이 돌아앉은 채 책을 안 보고 외우는 동안 학동이 글을 맞게 읽는지 틀리게 읽는지를 짚어나가면서 확인해야 하는데, 그림에서는 전혀 그런 모습이 보이지 않으며, 책은 바닥에 있는 것으로 보아 강을 바치기 전의 모습임이 분명하다. 또 훈장의 왼손 근처에 나무막대가 있다는 점을 보아 그 나뭇가지는 회초리가 아니라 글자를 짚어주는 장채일 것이다.

'장채章棌'는 크게 두 개의 나무로 만드는데 참나무 가지로 만들어 글자를 짚어주는 장채가 있고 싸리나무 가지로 만들어 글자를 짚어주는 장축章杻이 있다. 그림에서는 구분이 안 되며 또 오늘은 책을 안 보고 외우는 시험 보는 '배강背講'을 하는 날인 셈이고, 특히 장채는 왼쪽에 두는 것이 맞고 기존의 해석처럼 회초리라면 반드시 오른쪽에 뒀어야 맞다. 오랑캐라도 왼손으로 회초리를 들어 때리는 경우는 없다.

더욱이 음양의 이치가 밝은 시대에 언감생심 음의 손인 왼손으로 양의 기운인 아들들인 학동들에게 회초리를 친다? 큰일 날 소리지.

제 4장

"고생했다. 그리고 잘 커 줘서 참 고맙다."

| 서당에서 공부한 사람은 비겁하게 살지 않는다.

공자님 공부의 끝은 단 세 단어로 압축된다.
그 첫째는 수기修己이며
그 둘째는 제세濟世이며
그 셋째는 리인利人이다.

너의 몸을 닦아라,
세상을 구제하라,
남을 이롭게 하라,

이들을 실천하는 길은 오직 학學, 즉 공부다.

공자님의 제자 증자는 이를 아홉자로 풀어쓴다. '수신제가치국평천하'가 그것이다.

이 정도면 서당공부란 무엇인가 이해했으리라.

불과 세상에 난지 대여섯 살 남짓한 학동들에게 육십이 넘은 늙은 훈장은 치국을 말하고, 평천하를 말한다. 그 어린 학동이 깨닫는 부분이 있으리라 생각하지 않고, 기대하지도 않는다. 그저 석공이 돌을 쪼듯 끊임없이 학동들 가슴과 머리에 경전의 씨앗을 하나하나 넣는 것이다. 그러다 보면 어느 날 낙숫물이 바위를 뚫듯이 학동들 가슴 속 씨앗이 싹을 틔운다.

많은 사람이 어려서 공부하기를 소홀히 한다. 공부하는 것이 무슨 범죄는 아닌데. 어려서는 가열차게 읽고 쓰고 외우고를 반복해야 한다. 이렇게 공부하는 많은 이유가 있겠지만 그중 하나는 말에 대해서 조심하는 습관을 몸에 익히기 위함이다.

서당공부는 훈장과 더불어 마주하고 앉아서 주거니 받거니 해가면서 끊임없이 경전으로 대화한다. 그 수많은 대화 가운데

'경전대화'라는 것이 있다. 내 생각을 말하는 게 아니라 내 말을 경전에서 찾아, 내가 하고 싶은 말을 경전의 글을 인용하여 말하는 거다. 말은 이렇게 해야 하는 것이니, 이를 '눌변'이라고 한다.

자왈 子曰
군자 욕눌어언 이민어행 君子 欲訥於言 而敏於行

『논어』 이인편 4-24

공자님 말씀하셨다.
'군자는 말은 어눌하고자 하고 행함에 민첩하고자 한다.'

위의 문장은 인류에게 공부의 문을 열어준, 인류가 낳은 가장 위대한 학자가 제시한,
어떻게 말을 해야 하는가에 대한 정답인 셈이다.
말이라는 것은 대단히 위험한 행동이다. 오죽하면 입은 재앙의 문이라고 했겠는가.

말이라는 것은 비록 한 사람에게 말한다 해도 이는 마치 천명의 사람이 듣고 있는 것처럼 여겨야 한다. 함부로 막말해 가면서 주변을 둘러 아니 보며, 그렇게 요행으로 매사를 승승장구하다 보면 어느 시점에 세상이 꽤 만만해 보여 우쭐한다.

그러나, 아서라. 너무 멀리 가면 되돌아오기가 버겁다는 사실을 잊지 말라. 자칫 돌아오지 못할 수 있으니, 그 전에 멈춰야 한다.

옛날에 월나라의 재상을 지낸 범려가 제나라로 도망가서 도주공이라 자칭하며 신분을 속이고 많은 돈을 벌었다. 그의 막내아들은 범려와 함께 고생하지 않아 항상 자신을 과대평가하며 세상을 만만하게 여겼다. 술 먹고 행패도 부려보고, 무슨 일이 있으면 돈으로 보상하고, 술집에 가서 일하는 일꾼들을 흠씬 두들겨 팬 뒤 말썽이 나면 금덩이를 던져주고 무마시키는 등 '천금을 가진 집안의 자식은 저잣거리에서 목이 잘리는 일이 없다.千金之子不死於市'라며 천하에 두려운 것이 없는 듯 살았다. 그러나 그러던 어느 날 이웃 나라에 가서 돌이킬 수 없는 범죄를 저질러 저잣거리에서 목이 잘려 죽었다. 되돌아오지 못할 정도로 너무 멀리 간 경우다. 그의 아버지 '도주공' 범려는 어려서부터 많은 공부를 해 일국의 재상까지 올랐던 인물이다. 그러나 그런 범려도 자식교육 앞에서는 실패한 아버지일 뿐이었다. 그의 아들은 어려서 돈만 쓰고 노느라 공부를 등한시하고 말과 행동을 함부로 한 결과, 돈 많은 집안에서 태어나 비참한 최후를 맞이했다.

어려서부터 공부한 사람은 인생을 함부로 살지 않으며 비겁하고 나약하게 사는 일은 더더욱 있을 수 없다.

| 서당공부는 문文·사史·철哲 그 자체가 인성공부다.

옛날 사대부가의 자녀교육은 해제지동孩提之童의 나이라 하는 3세에서 5세 무렵이면 글공부가 시작되었다. '일자서', '이언', '삼자경', '사자소학', '오자추구'를 읽고 나면 문장을 공부하기 시작하는데, 그 첫 시작이 『동몽선습童蒙先習』이다. 그렇게 공부하여 7세에 이르면 남아와 여아는 '남녀칠세부동석男女七歲不同席'의 습관을 몸에 익히게 된다.

인성이란 사람으로서의 바른 성품을 갖게 하는 것이다.

연즉 然卽

부자자효 父慈子孝

군의신충 君義臣忠

부화부순 夫和婦順

형우제공 兄友弟恭

붕우보인연후 朋友輔仁然後

방가위지인의 方可謂之人矣

『동몽선습童蒙先習』의 첫 줄

그런즉

어버이는 자애롭고 자녀는 효도하며

임금은 의롭고 신하는 충성스러우며

남편은 온화하고 아내는 순하며

형은 우애 있고 아우는 공손하며

벗끼리는 인仁을 도운 뒤에야

바야흐로 가히 사람이라 할 수 있다.

인성공부의 시작은 '독립된 개인'에서 '책임지는 나'로 만드는 교육이어야 하리라.

옳음과 옳지 않음에 대한 분명한 자기 결정권이 있어야 한다. 그 기준이 옛글에서 나온 말씀이어야 하는 것이고, 그저 어른이 혼낸다고 해서 그것만 면하려 한다면 그것은 대단히 위태롭다.

승장자지부재 乘長子之不在
취반초료 무소부지 聚伴炒鬧 無所不至
홀문장자경해 忽聞長者警欬
혈창규탐 穴窓窺探
잠보미어 潛步微語
강독과서 强讀課書
장자기가기호 長者其可欺乎

연차이불개 然此而不改
위소인이기여 爲小人而其餘
가사심징 可使深懲

이불가서야 而不可恕也

간서치看書癡 이덕무李德懋 『사소절』의 '동규'

어른이 집에 없는 틈을 타
친구들을 모아 콩 볶듯 시끄럽게 놀며 하지 않는 짓 없다
가
문득 어른의 커다란 기침 소리가 들리면
창문 구멍으로 엿보며
가만히 걷고 조용히 이야기하며
억지로 책 읽는 듯이 한다면
어른이 속을 것 같은가?

이런 행실을 고쳐주지 않는다면
소인이 되고도 남음이 있으리니
깊이 징계를 가해야 할 것이며
이대로의 용서는 가하지 않다.

사실 올바른 인성이라는 것은 배움의 문제가 아니라 올바른 행실을 몸으로 익혀야 하는 게 옳을 것이다. 그래서 내 안에 있는 바르고자 하는 성품을 사용할 줄 알아야 한다. 그저 어른의 말을 잘 듣고 순종함에 머무르는 정도를 넘어선, 옳고 그름에 분명한 기준을 가진 사람이 되어야 한다.

그 방법은, 사람이 나면서 하늘로부터의 부여받은 선善하고자 하는 성품을 성현의 경전을 공부하여 배우고 익혀서 몸 밖으로 드러내야 하는 것이다. 늙은 훈장이 일고여덟 살 갓 넘은 어린 학동과 마주하여 좋은 차를 마시며 알아듣지도 못하는 경전 성현의 말들을 하는 것은 남들이 보기에 그저 얼토당토않은 일이라고 여겨질 수도 있다. 하지만 늙은 훈장도 그 시절을 살아왔거늘, 그 마음을 어찌 모르랴. 하지만 바람을 쫓는 말들 속에서 눈먼 강아지가 지푸라기 당기는 심정으로, 씨앗은 점차 뿌려진다.

| 서당공부는 강講으로 시작해서 강講으로 끝난다.

새벽에 일어나 시작된 공부는 밤이 얼추 지난 다음에야 멈춰지게 되는데 어느 학동의 표현을 빌면 '아. 드디어 끝났다. 이젠 자는 시간이다.'라고 하였다. 하루가 얼마나 길었으면 이런 말이 절로 나오겠냐마는 서당의 일이라고 해봐야 제 방을 청소하는 것이 일이고 운동이며 이걸 제외한 나머지 시간은 온전히 읽고 쓰고 외우는 공부가 전부다. 어떤 시각으로 보면 힘든 하루겠지만, 하루가 길다고 느껴질 정도는 아닐 수 있다. 진짜 힘든 일은 이러한 일과 후에 있다. 바로 오늘 공부한 것에 대한 검증의 시간이다. 서당공부에서 결코 비껴갈 수 없는 마지막 수업 같은 것, 검증은 '삼강'이라 하는 세 단계가 있다.

첫째로 저녁마다 그날 배운 공부를 시험 보는 석강夕講이 있으니, 이때의 시관은 훈장이다. 둘째로 매주 일요일에 실시하는 주강周講이 있고, 이때의 시관도 훈장이다. 마지막으로 한 달에 한 번 실시하는 월강月講이 있다. 이때의 시관은 다른 서당의 훈장님을 모셔서 하거나 다른 서당으로 가서 시험을 치른다.

이렇듯 한 달에 한 번 외부 훈장님을 모시거나 찾아뵙고 시험을 보는데, 다섯 분에서 일곱 분 정도의 훈장님을 시관試官으로 모셔 앞에서 한 달 동안 배운 것을 검증 확인받아 내는 일이다. 첫 시험은 오전 9시부터 시작되는 임강臨講인데, 책을 보고 소리 내어 음률과 사성의 성조에 맞춰 글을 읽어내는 시험이다. 음률이나 성조가 제대로 맞지 않으면 다섯 분에서 일곱 분의 훈장님께서 당신 서당의 공부 방식대로 기준점을 정하고 점수를 매겨서 당락을 정하고, 낙제점수를 받게 되면 상황은 심각해진다.

점심시간에 이르면 준비해 간 점심을 먹고 1시부터 책을 안 보고 외우는 배강背講을 한다. 시관으로 계시는 훈장님들께서 이 대목, 저 대목 배강을 해보라며 말씀하시면 학동은 돌아앉은 채로 책을 아니 보고 시관 훈장님께서 요구하신 부분을 외워야 한다. 만약 시원찮으면 낙제를 받게 된다. 이 또한 심각한 상황이 된다. 배강을 마치고 오후 3시부터는 한 달간 읽고 쓰고 외우고를 반복하며 공부한 한문문장에 현토懸吐를 하는 시험과 해석하는 시험과 해석을 한문으로 바꾸는 시험을 본다. 작은 벼루와 세필 붓을 들어 바른 글씨로 저마다 아는 만큼 또박또박 쓴다. 이 또한 낙제하면 상황은 심각해진다.

저녁을 먹고는 제술製述 시험으로 시관이 지을 문장의 주제를 주면 그 제목에 맞는 산문을 한문문장으로 짓고, 세필 붓으로 써야 하며 끝으로 시관이 내놓는 압운押韻에 맞춰 오언절구五言絶句 한시를 짓는데 규칙에 맞게 오언절구의 시詩 일수一首를 짓는 것으로 그날에 한 달에 한 번 있는 월강 시험은 마친다.

이 모든 결과에서 단 하나라도 낙제점이 나오면 학습 진도는 더 이상 나갈 수 없고 한 달 동안 같은 과목을 또 공부해서 다음 달에 월강을 통과해야 다음 진도를 나갈 수 있다. 바로 이런 점이 서당공부가 일반 사람들이 쉽게 접근하기 어려운 점이다. 세상의 공부는 학년이라는 게 있어서 1년이 지나면 특별한 경우가 아닌 한 다음 학년으로 가지만 서당공부는 완전히 알아야 다음

단계로 옮겨간다. 꽤 무모할 것 같은 공부 방식인데 이러한 공부와 시험 방식은 옛 서당에서 제자를 길러내는 "비법"과 같은 것이다.

서당에서 어린 학동들에게 글을 가르치는 훈장은 평생을 공부만 한 탓인지 학문이 깊은 경우가 많다. 훈장이라고 해서 어찌 젊은 시절의 청운의 꿈이 없었겠는가. 그렇지만 관운이 닿지 않아 등과를 못 했으니 어디다 하소연하리. 이것이 애꿎은 제자 가르치는 일에서 혹독함으로 표현되는 것인지도 모를 일이다. 다행히도 이런 공부 과정을 견디는 학동도 있고 못 견디고 징징대다가 떠나는 경우가 있지만, 훈장은 맹자님께서 말씀하신 '가는 사람은 잡지 않으며 오는 사람은 막지 않는다往者不追來者不拒'는 말씀처럼 떠나는 아이들에게 다른 말은 하지 못하고 겨우 '몸이나 건강하시게'라는 말을 할 수밖에. 훈장의 가르침에는 덕德이 정情을 앞선다.

옛날엔 '부급負笈'이라 하여 책더미를 짊어지고 산골 초야로 훈장을 찾아가 글공부를 하는 일이 일반적이었다. 왜 찾아가느냐?

'스승은 찾아가서 가르치지 않는다.師無往教矣'는 불문율이 있기 때문이다. 더러는 훈장을 큰돈 들여 독선생으로 모시기도 한다만 그건 특별한 경우일 뿐이다.

서당공부는 어린 학동이 감당할 수 있을 만큼의 분량을 정해서 읽고 쓰고 외우고를 반복 공부하는 것이 전부다. 서당공부는 꽤 어려울 것 같지만 막상 해보면 충분히 감당할 수 있는 공부다.

어린 시절은 두 번이고 세 번이고 있을 수가 없다.

그러하기에 상투 보발에 갓 쓰고 도포 차림에 생활하시는 서당 훈장을 모시고 그 문하에서 인문학의 정수라는 논어 맹자 중용 대학을 공부해 보는 것도 조금은 그럴싸한 일은 아닐까.

| 서당공부를 했느냐 안 했느냐의 경계는 글씨다.

어려서 서당에서 공부한 학동이라면 갖게 되는 특징이 몇 가지가 있는데 그중 하나가 썩 괜찮은 글씨다.

서당공부 중에 엄청나게 많은 분량의 책들을 긴 시간을 투자해서 필사하기 때문이다.

한자를 익히기 위해서 공책에 연습하는 것 말고, 논어, 맹자 등을 놓고 별도로 필사하는 일이다. 1년이면 서너 번씩 써내야 한다. 이것도 서당의 공부과정 중 하나이기 때문에 생각보다 많은 분량을 필사하게 된다. 이런 이유로 내가 원하지 않아도 자연히 글씨는 바르게 쓸 수밖에 없다. 만약에 글씨가 그저 그런 수준이라면, 상관은 없으나 그 학동은 공부를 게을리했다는 표가 된다.

이렇다면 어딘가에서 자신이 서당에 다녔다고 말하면 곤란하다. 글씨를 보면 금방 탄로되기 때문이다. 엉성한 글씨로 누군가에게 내가 서당에 다녔다고 말한다면 부끄럼 당하기 십상이다.

공부한 학동은 일반적인 글씨뿐 아니라 붓글씨 같은 경우도 무슨 글씨든 거침없이 다 쓸 수 있게 된다. 그러나 이는 서예학원에서 글씨를 배운 사람들과는 전혀 다르다. 서예학원의 경우는 붓글씨 씀에 법첩이 있다. 왕희지의 '난정첩'이 있을 것이고 육조체라고 한다면 '사신비'라든가 '장맹용비'가 있을 것이고 '용문28품'이 있을 것이고 안진경체가 있을 것이고 구성궁체가 있을 것이고 송설체가 있을 것이다. 학원에서는 모든 글씨를 법첩에 따라 그 모양대로 글씨를 배우는 '임서'를 하기 때문이다. 그래서 서예학원에서 붓글씨를 쓴 사람들은 자주 써본 글자는 잘 쓰나 자주 접하지 않은 생소한 글자를 쓰지 못하는 경우가 종종 있다.

반면 서당에서는 특별히 붓글씨를 공부하되 법첩을 놓고 배운다거나 하는 일은 없다. 그냥 논어 한 권 펴놓고 세필붓을 들어 먹을 찍어 써 내려간다. 그렇게 1년 2년 세월과 함께 글씨가 자란다. 서당의 글씨라는 건 첫째도 둘째도 셋째도 면추免醜를 기본으로 한다. 보기에 추하지만 않으면 된다는 말이다. 그리하여 서당공부가 끝난 후 대략 약관의 나이가 된다면 그야말로 붓글씨에 있어서는 꽤 으스대기도 한다. 자기 눈으로 볼 때 그 나이에 자기만큼 붓글씨는 쓰는 또래의 청년들을 보기가 힘들기 때문이다.

어려서 서당을 만나고 늙은 훈장을 통해서 함께 경전을 읽고 이 정도 만으로 대단한 일이다. 모든 사람이 저쪽 길로 가는데 나만 홀로 이쪽 길로 간다는 것은 상당한 용기가 필요한 부분이다. 결국, 서당공부는 결과로 말한다.

'십년등하고 삼일마두영 十年燈下苦 三日馬頭榮'이라 했다.

'십 년 동안 등불 아래 공부해서 등과하여 삼 일간의 말머리의 흔들며 잔치한다'라는 말이다.

이 정도까지 간다면, 정말이지 세상 살맛 나는 것이다.

| 서당공부 삼위일체 강독·제술·습자로 하루를 보낸다.

서당공부는 크게 세 가지로 구분한다. 서당공부의 기본 교재라 할 수 있는 『논어』『맹자』『중용』『대학』의 '사서' 책을 소리 내어 읽고 외우는 '강독'이 그 첫 번째요. 대학자 주자朱子께서 사서에 주注를 내어 주註를 단 것을 기준 삼아서 주자의 문장을 익히는 '제술'이 그 두 번째요. 사서를 세필 붓으로 써서 바른 글씨 쓰기를 익히는 '습자'가 그 세 번째이다.

그렇다면 왜 성인 공자께서 직접 저술한 춘추, 공자의 말씀을 그대로 적어놓은 논어 등의 책으로 문장을 익히지 않고 천년이 훨씬 더 지난 후대의 학자 주자가 주석을 달아놓은 '집주集註'

책으로 문장을 익히는가?

성인의 말씀을 기록한 것을 '경經'이라 하는데 우리가 성인의 말씀에 대한 기록인 경을 곧이곧대로 다 이해하려는 것은 인간의 오만이다. 어찌 범부가 되어서 성인의 말씀을 다 이해할 수 있겠는가? 그리하여 성인의 말씀을 일반인이 쉽게 이해할 수 있도록 주자께서 쉽게 풀어주시니, 이를 '집주集註'라고 일컫는다. 이 때문에 조선시대엔 모든 문장을 주자의 문장을 바탕삼아서 기록했다. 곧 『논어』『맹자』『중용』『대학』 등 성인의 경전에 후학 주자께서 집주를 다시어 성인의 경전을 풀이하여 주셨고 그 덕에 후학은 경전보다 문장을 더 쉽게 풀어쓴 주자의 집주를 통해서 문장을 익히는 것이다.

장화張華는 『박물지博物志』에서 밝히기를 성인이 제작한 것을 경이라 하고聖人制作曰經 성인보다 한 단계 아래라고 볼 수 있는 현자가 쉽게 풀어쓴 것을 전이라 했다.賢人著述曰傳 서당에서는 이것을 학동에게 순서대로 공부하도록 한다. 성聖→경經→전傳→주注→소疏에 관한 책이 서당엔 이미 구비되었으며 이 모두를 공부하게 되는 것이다.

이에, 서당에서 공부하는 학동들은 공부하기를 멈추지 않아 절대로 무너지지 않는다. 곧 공부에 뜻을 두면 반드시 길이 있다志在有逕는 말이다.

그러므로 서당에서는 성인이 직접 하신 말씀인 '경'을 먼저 완독한 후, 후학들의 이해를 돕기 위하여 주자께서 정리하고 엮으신 '집주'를 가지고 공부하는 것이다. 현대를 살아가는 우리뿐 아니라 우리의 선대도 또한 그러하기에, 주자 이후 조선시대에 이르기까지의 모든 문장을 올바로 알려면 반드시 주자의 집주를 읽어낼 수 있어야만 하는 것이다.

'올바른 공부를 해서 그릇됨을 바로 잡는다'

| 서당공부는 수신제가치국평천하의 공부다.

옛날 호랑이 담배 피우던 시대쯤에는 공자왈 맹자왈 하는 공부를 해두면 가끔 꽤 멋진 일들도 더러 생기기도 했다. 이렇게 공부한 사람들은 일반 백성이지만 결코 일반 백성으로 살아갈 수 없던 사람들이다. 세상이 이렇게 공부한 사람들을 그냥 놔두지 않았다는 말이다. 이렇게 공부한 사람들이 상대하는 사람들은 대부분 일국을 경영하는 군주가 아니면 그의 지근거리에서 군주가 되고자 호시탐탐 기회를 노리는 대부거나 일인지하 만인지상이라는 재상이 전부다. 흔히 그 시대 최고의 권력자로, 돈에도 권력에도 전혀 구애받지 않던 사람들이다.

유학을 공부하던 사람들은 그 뜻이 이런 권력자들을 다루는 사람이 되는 것에 있었다.

그리고 이렇게 어린 시절부터 작심하고 맞춰 공부한, 그것이 바로 공자님이요 맹자님인 것이다.

공자님은 어려서 3세 무렵에 아버지가 졸하였고, 16세 무렵에 어머니가 졸한다. 그럼에도 공자님은 불운하다면서 불평하지 않았다. 공자님의 어머니는 세 번째 부인이다. 첫 번째 부인은 딸만 아홉을 낳았고, 두 번째 부인은 아들을 하나 낳았는데 두 다리를 못 쓰는 불편한 몸이었다. 이런 가족사에 세 번째 부인에게서 난 공자는 3세 때 아버지가 죽은 뒤엔 홀어머니를 모시고 가족의 생계를 꾸려야 했다. 그래서 공자님은 어린 시절 닥치는 대로 일을 해야 했다고 스스로 밝혔다.

어려서 지독하게 가난했던 공자님은
그렇게 공부해서 장장 2천5백여 년이 지난 지금까지
세상을 비추는 거울이 된다.

자왈 오십유오이지우학 子曰 吾十有五而志于學
삼십이립 三十而立
사십이불혹 四十而不惑
오십이지천명 五十而知天命
육십이이순 六十而耳順
칠십이종심소욕불유구 七十而從心所欲不踰矩

『논어』 위정편 2-4문장

공자님 말씀에 나는 열다섯에 공부에 뜻을 두고
서른에 바르게 섰으며 마흔에 흔들리지 않았으며
쉰에 천명을 알았으며 예순에 다른 길도 알았으며
일흔에 맘대로 행해도 법도에 어긋남이 없었노라

공자님께서 태어나시고 사시던 시대는
전쟁의 시대인 쟁爭의 시대요,
싸움의 시대인 포暴의 시대요,
살아남아서 강자라 칭하는 것이 아닌

강자만이 살아남는 그야말로 야만의 시대였다.
그런 세상에서 오로지 공부 하나만으로
당대의 국가 군주를
뒤흔들었다.

군주를 가르치는 공부를 한 사내.
대부를 가르치는 공부를 한 사내.
재상을 가르치는 공부를 한 사내.
국가를 경영하는 공부를 한 사내.

어떤 전적을 뒤져봐도 공자님의 어머니가 아들 공자님에게 공부하라고 말했다는 기록은 평생 훈장을 한 나로서는 경전에서 읽은 적이 없나니.

공자님께서는 스스로 공부하신 분이시다.
공부하다가 싫다며 투덜대는 일도 없었다.
그냥 공부를 좋아하셨던 분이다.

| 매주 수요일은 청고담론의 날이다.

서당공부에서 빼놓을 수 없는 일과 중 하나가 '신문읽기'다. 늙은 훈장이 신문을 처음 읽기 시작한 때는 아마 5세쯤으로 기억하고 있다. 당시 서당에는 두 개의 일간지가 배달되었는데, 경제신문이었다. 다른 부분은 어린아이가 아는 바가 없어 그냥 넘어가며 읽었지만, 매일 빠지지 않고 정독하던 부분은 사설과 칼럼이 실려 있는 부분이었다.

신문에 글을 쓰는 사람은 가장 현대적이면서 어떻게 분류해도 지식인이라고 부를 수 있는 사람들이다. 그중에서도 특히 칼럼과 사설 등은 당대 최고의 지식인이자 문장가들이 써 내려간 글인지라 후학으로서 반드시 읽어야 할 글임이 분명하다.

당시 칼럼과 사설을 읽던 어린 날의 훈장은, 반드시 빨간색 볼펜과 30센티미터의 자를 들고 경전을 해석하듯 보기에 좋은 문장이나 고사성어 등의 부분에 밑줄을 그어가면서 읽었다. 그때의 신문읽던 습관으로 인해 늙은 훈장이 된 지금에 이르기까지 훈장은 자신을 '밑줄파'라 칭하며 글을 읽고 있는 중이다.

당시 열심히 밑줄을 그어가면서 신문을 읽던 어린 학동에게 연로하신 훈장님께서는 학동이 밑줄을 그어놓은 부분을 읽으시고는 꼭 물어보셨다.

"왜 밑줄을 그었느냐?"
"그 부분이 경전의 어느 대목과 같으냐?"

질문을 받은 어린 학동은 그에 대해 터무니없이 얕은 지식이지만, 나름 배운 만큼 여기저기 경전의 책들을 엮어서 자신의 의견을 말했다. 그러면 연로하신 훈장님께서는 다시 자세한 설명과 함께 정정하여 말씀해 주셨다. 이것이 매주 2, 3회 정도 늙은 훈장이 어린 시절을 보내며 연로하신 스승님과 함께한 '신문밑줄파공부'이다.

그러나 지금의 늙은 훈장은 체력에 부쳐 이 정도까지는 못하나, 매주 1회 수요일에는 일주일 동안 읽은 신문의 사설과 칼럼을 중심으로 어린 학동과 향기로운 차를 마시며 하루라는 긴 시간에 걸쳐 세밀하고 자세하게 분석하기도 하며, 묻고 답하기도 하며 칼럼을 지어보기도 한다. 현대의 글쓰기라면 신문보다 더 좋은 교재는 만나기 쉽지 않은 일일 것이다.

신문을 보며 글쓰기를 익혔던 과거 덕인지 늙은 훈장 또한 꽤 오랜 시간 신문에 글을 투고하고 있다. 용인신문에는 '우농세설'이라는 이름의 정치 사회에 관련된 칼럼을 연재하고 있고, 뉴스서천신문에는 '고전산책'이라는 여러 고전의 이야기를 오랜 세월 동안 연재하고 있다. 그 중 용인신문에 실렸던 우농의 세설 한 편을 옮겨본다.

백성을 섬기는 자만이 백성의 선택을 받으리라

맹자가 살던 시대에 현자가 셋 있었으니, 그 중 양주는 “내 몸에서 한 호리의 털을 뽑아서라도 천하를 이롭게 할 수 있다 해도 나는 하지 않겠다”고 했고, 묵자는 “내 머리 꼭대기 정수리를 갈아 발꿈치에 이르는 것이 세상을 이롭게 하는 것이라면 기꺼이 하겠다”고 말한 인물이다. 그러나 자막은 “양주도 묵적도 다 틀렸다”며 그 중간을 잡은 인물이다.

맹자는 이 세 현자를 이렇게 평가했다. “양주는 인仁을 해치는 자요, 묵자는 의義를 해치는 자며, 자막은 시중時中을 해치는 자이니, 이 모두는 하나를 들어 백 가지를 폐하는 것”이라고 했다.

세상이 이 지경이 된 이유에 대해 맹자는 “훌륭한 임금이 나오질 않아 제후들은 방자해졌으며 처사들은 멋대로 정치를 했고, 양주와 묵적의 말이 천하를 휩쓸었다. 천하의 말 중엔 양주에게 귀의하지 않으면 묵적에게 귀의한다”고 말했다.

양주나 묵적이나 자막 이들은 개인적으로 볼 땐 나름 훌륭한 부분이 없는 것도 아니다. 그럼에도 맹자는 굳이 조목조목 예를 들어 이들은 훌륭하지 못하다고 말하고 있다. 나라를 다스림에는 두 개의 축이 있다. 백성을 다스리는 군주가 있고, 군주를 가르치는 현자가 있는 것이다. 공자가 쓴 춘추를 한 줄로 요약한다면 통제받지 못하는 권력은 위험할 수도 있다는 말이기도 하다. 백성을 다스림에 있어 군주는 법으로 백성을 옥죈다. 그렇다면 그 군주를 누가 무엇으로 다스릴 것인가. 여기서 현자의 몫이 요구된다. 양주와 묵적과 자막 이들은 현자다. 그럼에도 자신의 몫을 다하지 못한 인물이다. 맹자는 이점을 지적하고 있는 것이다.

맹자 시대에 백성은 나랏일에 대하여 왈천왈지 하는 위치에 있지 못하다. 가족을 부양해야 하고 나라에 세금을 내야 해서 눈코 뜰 새 없이 바쁘기 때문이다. 그러나 공부했다는 현자들마저 침묵해서는 안 된다. 일찍이 공자는 논어에서 말하길 나라 다스림은 경사이신敬事而信이라 했다. 백성을 공경하고 백성을 섬기며 백성에게 믿음을 주라는 말이다. 이러지 못한 군주가 있을 시에는 현자가 나서야 한다는 말이다. 작금의 나라는 대통령선거 막바지에 이르렀다. 거들떠도 안 볼 것 같았던 민초들의 몸값이 하늘을 찌른다. 백성을 온몸으로 섬기는 자만이 백성의 선택을 받으리라.

용인신문 2022년 2월 7일 우농의 세설 편 전문 발췌

| 날마다 조금씩 나아간다.
멈추기도 포기도 없이.

이배근독하서 爾輩近讀何書
대이미능 對以未能
일이위도 日以爲度
일년가료수질경적 一年可了數帙經籍

『홍제전서』 권62 일득록 문학 2편

하루는 정조 임금이 묻는다, 그대들은 근래 어떤 책을 읽는가.
신하들이 답하기를, 일이 많아서 아직 읽지 못하고 있습니다.

정조 임금이 말하길, 공부는 날마다 규칙적으로 해야 하느니라.

그렇게만 한다면 일 년이면 몇 질의 책을 읽을 수 있느니라.

그렇다 서당공부라는 것은
일일편장위근독日日片章爲勤讀
하시불원독수권何時不遠讀數卷

날마다 조금씩 책을 읽어나가면
언젠가는 많은 책을 읽어 내리라.

아무리 유능한 농부라도 뿌리지 않고 거두는 법은 없나니
천 리 길도 한 걸음부터라고 했다.

인디언들은 기우제를 지내면 반드시 비가 온다고 한다. 이는 그들의 기우제에 어떤 신비한 효과가 있어서가 아니라 비가 올 때

까지 1년이고 10년이고 기우제를 지내기 때문이란다. 그러하듯 서당공부라는 것은 '치국평천하'라고 하는 대의를 향해 서당에 오면 거기에 맞는 공부를 하는 것이다.

어려서 공부를 제대로 해두지 않으면 평생을 고장 난 자전거를 탄 것처럼 넘어져야만 멈춰지는 인생을 살게 될지도 모른다. 공부를 하지 않은 인생이라는 것은 혼자 짊어지기에 너무나도 무거운 고통을 평생 느껴야 하는 것이다. 바로 이점이 부모가 자녀에게 공부하라고 끊임없이 잔소리하는 이유이기도 하다. 자녀는 이점을 빨리 깨달을수록 인생에 도움이 되리라.

학동의 할 일은
경전의 가르침에
목말라하는 일이다.

꾀 내지도 말고
엄살 피지도 말고
그렇다고 징징대지도 말고

열심히 공부만 하여라.

사람살이에는 방향이 있다.
흔히 속도보다 방향이라고 말한다.
말하노니 잊지 말아라.
방향을 바꾸지 않는다면
여전히 너는 가고 있던 길을 갈 뿐이다.

게으름을 조심 하여라.
그거 버릇되면 너의 삶이 된다.

| 공부하기에 늦었다는 말은 있지 않다.

싸움에 지고 이김은 병가도 알 수 없거늘, 부끄러움을 안고 견디는 것도 사내대장부라. 강동의 제자들은 호걸이 많아서 땅을 맡아 다시 시작한다면 가능하지 않겠는가?

이 문장은 유방과 싸우다 패한 후 자살한 항우의 죽음을 안타깝게 생각해, 두목이 지은 시 중의 일부이다.

항우는 '역발산기개세'라 일컬어질 만큼 대단한 장군으로, 24세에 강동 땅에서 8천 명의 군사를 이끌고 99번을 싸워 99번 모두 승리한 인물이다. 하지만 그런 항우는 100번째의 싸움에서 숙적 유방에게 패해 오늘날 양쯔강의 오른쪽 언덕의 오강烏江까지 도망쳤다. 이 강만 건너면 고향인 강동 땅이었다.

그러나 항우는 자신이 천하를 거머쥐겠다고 8천 명의 군사를 거느리고 건넜던 이 강을 홀로 무슨 면목으로 다시 건너 돌아가겠느냐며 최후의 일전을 불사하다 자살로 최후를 마쳤다. 이때의 나이는 31세였다.

두목은 강동 땅에는 인재가 많으므로 오늘의 수치를 조금만 참고 견디었다면 명예 회복의 기회가 있을지 모를 일인데, 이를 건너지 않고 자살로 최후를 마친 것을 안타까워하며 이 시를 지었다고 한다.

사람은 누구나 실패한다. 그러나 그보다 중요한 것은 실패한 후의 행동이다. 이것을 어떻게 이겨내느냐가 중요한 것이다. 누구나 하게 되는 실패, 이를 견디고 다시 일어나는 자는 미래를 맞이할 준비를 할 수 있으나, 이 실패의 기억을 떨쳐버리지 못하고 좌절에 빠져 재기하지 못하는 사람은 그 아픈 실패의 경험에 함몰되어 자신에게 올 수많은 미래의 가능성을 하나하나 닫게 되는 것이다.

성적이 나쁘다고 위험한 생각으로, 삶을 접는 아이들이 있다. 오죽이나 했으면 그러겠냐마는 그 한 번의 성적이 자신의 인생에서 어느 만큼의 비중을 차지하는지를 생각한다면, 그런 무모한 행동은 하지 않았을 것이다. 강을 건너, 다시 한번 재기의 노력을 갖지 않은 항우나, 성적이 나쁘다고 몸을 날린 학생이나, 너무나 아까운 목숨이다.

인생은 마라톤이라고 했다. 먼저 뛰었다고 해서 반드시 먼저 들어오는 것은 아니다. 중간지점에서 조금 처졌다고 해서 그 레이스 자체를 포기해 버리는 것은 어리석은 일이다. 조금 처지거든 마음의 여유를 찾아 다시 속력을 내는 거다. 어차피 뛰어야 할 길은 많이 남아있는데, 잠깐 처짐이야 어떠하리. 가고 있는 이 길의 옆에서 미친 듯이 박수치며 응원을 보내고 있을 부모님, 형제, 친구를 믿고 다시 힘을 낼 일이다.
손뼉을 치는 군중 속에는 늙은 훈장도 반드시 있으리니.

다른 사람보다 5년, 심지어 10년 정도를 늦게 출발한다고 해도 늦었다고 할 수는 없다. 공부는 목숨을 걸고 해야 한다. 하지만,

이 말을 고작 시험의 성적을 얘기한다고 오인해서는 안 된다. 선비는 당락에 연연하지 않는다. 큰 공부는, 평생 수양하는 공부에 있는 것이다.

항우가 패한 원인은 한 가지다. 그는 공부하지 않았다. 자신에게 공부하라는 작은아버지 항량에게 '글이라는 것은 자신의 이름을 쓸 줄 알면 족하고, 검술 또한 한 사람과 싸워지지 않을 정도면 충분하니, 저는 만 사람을 상대해서 이길 수 있는 학문을 하겠습니다.'라며 병법을 배웠지만, 병법 역시 이해했다고 치부하며 공부하지 않았다. 이러니 어떻게 좋은 결과가 나올 수 있었겠는가. 결국 아는만큼 살 수밖에.

오늘을 사는 우리는 이 글을 교훈으로 삼고 거울삼아 나를 채찍질해야 한다. '나는 실패할 것이다' '나는 성공할 것이다.' 이는 자신이 따질 수 있는 문제가 아니다. 후생이 판단할 일이다. 우리는 하늘이 우리에게 부여해 준 삶을 최선을 다해서 살아갈 뿐이다. 당장 공부가 되지 않는다고 해서 자신의 소중한 걸 포기하는 나약함을 버려야 한다. 또 반대로, 지금의 성과에 안주하고 우쭐해하는 그런 마음 또한 가져서는 안 된다.

오늘 쓰러진다면 후일을 기약하고, 작은 돌멩이라도 들고 일어날 수 있는 고집을 가져야 한다.

승패병가불가기 勝敗兵家不可期
포수인치시남아 包羞忍恥是男兒
강동자제다재준 江東子弟多才俊
권토중래미가지 捲土重來未可知

두목杜牧「제오강정題烏江亭」

승패는 병가도 기약할 수 없으니
부끄러움 끌어안고 인내함도 사나이로다.
강동의 자제 중엔 준걸들도 많으니
흙먼지 일으키며 돌아오면, 결과를 알 수 없었을 것을...

| 고생했다. 그리고 잘 커 줘서 참 고맙다.

7세가 되면 남녀칠세부동석男女七歲不同席이라 하여 여아는 양당孃堂에서 남아는 숙당塾堂에서 생활한다. 여아와 남아의 도리를 일깨우며 앉고 설 자리를 구분하니 비로소 집 밖의 스승을 모시고 공부를 시작하는 것이다. 이렇게 빠르면 15세, 늦으면 17세까지 공부하는데 이것이 서당공부의 첫 번째 마침표다.

서당공부의 재미를 묻는다면 서당공부는 우선은 재미가 있다고 말한다. 어린아이는 이런 공부를 접해 본 적이 없기에 조금은 신기해하기도 한다. 이곳에서 '알아감'에 대한 재미가 시작되는 것이다. 하지만 재미를 느끼지 못하여 천천히 한다고 하더라도 크게 달라지는 것은 아니다.

아이는 늙은 훈장과 함께 앉아 차를 마시면서 옛 성현의 이야기를 듣고, 그 어린 인생 동안 어디서도 듣지 못한 이야기를 들으며 차담을 나눈다. 그렇게 차담을 나누는 시간이 쌓여 학동의 마음속 텃밭의 씨앗이 되고, 다시 시간이 지나 싹이 돋고, 다시 자라 꽤 울창해진다면, 어느 날 자리에 멈춰 돌아보면 마음속 공부가 꽤 깊은 지경에 이미 와 있음을 볼 수 있다.

세상에 태어난 지 몇 년 되지 않은 어린아이를 길러내는 일이 어찌 쉽겠는가? 글자를 가르쳐 안다고 해서 끝이라고 생각한다면 큰 오만이다. 그러나 쉽지 않다는 것을 인정하고 지극정성으로 가르쳤는데도 학동이 공부에 뜻을 두지 않는다면 참 슬픈 일이다.

『근사록』에서 언급하길, '옛날에는 8세에 소학에 들어가고 15세에 대학에 들어가니, 재주가 가르칠 만한 이를 가려 대학에 모으고, 불초한 자는 다시 농사짓는 곳으로 돌아가게 하였다. 그래서 선비와 농부가 직업을 바꾸지 않으며 대학에 들어간 이는 농사를 짓지 않는다.'하였다. 사람들은 말한다. '늦었다고 생각할 때가 가장 빠른 것이다.' 아니다. 늦었다는 생각이 들 때는 이미 늦은 것이다. 다만, 늦은 만큼 할 수도 있다는 말이다. 사람의 인생은 10대에 이미 결정된다. 만약 공부가 힘들다며 중간에 그만둔다거나 애초에 공부에 뜻을 두지 못했다면 돌이킬 수 없는 상황이 온 것이다.

하지만 끝까지 공부한 사람은 바쁜 인생을 살다 잠시 멈춰 지나온 길을 돌아보고 자신을 살펴본다면,

이렇게 재미있고 쉬운 공부를
그때는 왜 그리도 힘들어했지? 라며 웃고는 한다.

이제는 어떤 어려운 일이 눈앞에 오더라도
자신이 쌓아온 공부가 있고, 힘이 있기에
벽에 가로막혀 뒤로 돌아가거나 후회하지 않는다.

훈장은 제자에게 이렇게 말한다.

'고생했다. 그리고 잘 커 줘서 참 고맙다.'

훈장과 제자는 죽는 날까지
스승과 제자의 관계를 넘어선
같은 길을 가는
학자로서의 도반의 삶을 살아간다.

서당공부
누구든 가르쳐 재상에 이르게 할 수 있다.

초판 발행 | 2023년 11월 10일

엮은이 | 우농
발행인 | 고은영
발행처 | 초련
편집 | 이창민
이메일 | cho-ryeon@naver.com

ISBN 979-11-985126-5-9 (03370)
값 15.000원